KU-317-137

SPANISH
VOCABULARY

SPANISH
VOCABULARY

GEDDES & GROSSET

This edition published 2007 by Geddes & Grosset
First published 2001, reprinted 2004 (twice), 2006, 2007

© 2001 Geddes & Grosset
David Dale House, New Lanark ML11 9DJ, Scotland

All rights reserved. No part of this publication may be reproduced,
stored in a retrieval system, or transmitted in any form or by any
means, electronic, mechanical, photocopying, recording or
otherwise, without the prior permission of the copyright holder

ISBN 978 1 84205 094 1

Printed and bound in Poland

POLSKABOOK

Contents

The Body   *El Cuerpo*

1

head	la cabeza
hair	los cabellos, el pelo
dark	moreno
fair	rubio
bald	calvo
brown (hair)	castaño
smooth	liso
curly	rizado
grey hair	las cana
scalp	el cuero cabelludo

2

face	la cara
features	los rasgos
forehead	la frente
cheek	la mejilla
wrinkle	la arruga
dimple	el hoyuelo
chin	la barbilla
beautiful	hermoso
handsome	guapo
pretty	bonito

3

ugly	feo
ugliness	la fealdad
beauty	la hermosura
beauty spot	el lunar
freckle	la peca
freckled	pecoso
ear	la oreja
hearing	el oído

to hear	oír
to listen	escuchar

4

listener	el oyente
earlobe	el lóbulo de la oreja
deaf	sordo
mute	mudo
deaf-mute	el sordomudo *m*, la sordomuda *f*
deafness	la sordera
to deafen	ensordecer
deafening	ensordecedor
eardrum	el tímpano
sound	el sonido

5

noise	el ruido
eye	el ojo
sense	el sentido
eyesight	la vista
tear	la lágrima
eyebrow	la ceja
to frown	fruncir las cejas
eyelid	el párpado
eyelash	la pestaña
pupil	la pupila

6

retina	la retina
iris	el iris
glance	la vislumbre
to see	ver
to look	mirar
look	la mirada
visible	visible
invisible	invisible

blind	ciego
blindness	la ceguera

7

to blind	cegar
blind spot	el punto ciego
one-eyed	tuerto
cross-eyed	bizco
to observe	observar
to notice	reparar
expression	la expresión
to smile	sonreír
smile	la sonrisa
to laugh	reír

8

laugh	la risa
laughing *adj*	risueño
mouth	la boca
tongue	la lengua
lip	el labio
tooth	el diente
eyetooth	el colmillo
gum	la encía
palate	el paladar
to say	decir

9

saying	el dicho
to speak	hablar
to shout	gritar
to be quiet	callarse
touch	el tacto
to touch	tocar
to feel	sentir
tactile	táctil

nose	la nariz
nostril	la ventana de la nariz

10

bridge (nose)	el caballete
smell (sense)	el olfato
smell	el olor
to smell (of)	oler (a)
to taste (of)	saber (a)
to taste	probar
taste (sense)	el gusto
taste bud	la papila gustativa
tasty	sabroso
tasting	la degustación

11

moustache	el bigote
beard	la barba
facial hair	el vello facial
sideburns	las patillas
dandruff	la caspa
plait	la trenza
curl	el rizo
to shave	afeitarse
to grow a beard	dejar crecer la barba
bearded	barbudo

12

clean-shaven	rasurado
jaw	la mandíbula
throat	la garganta
neck	el cuello
shoulder	el hombro
back	la espalda
chest	el pecho
breast	el seno

to breathe	respirar
breath	el aliento

13

breathing	la respiración
lung	el pulmón
windpipe	la tráquea
heart	el corazón
heartbeat	el latido (del corazón)
rib	la costilla
side	el costado
limb	el miembro
leg	la pierna
lame	cojo

14

to limp	cojear
thigh	el muslo
calf	la pantorilla
tendon	el tendón
groin	el ingle
muscle	el músculo
knee	la rodilla
kneecap	la rótula
to kneel	arrodillarse
foot	el pie

15

heel	el talón
toe	el dedo del pie
sole	la planta del pie
ankle	el tobillo
instep	el empeine
arm	el brazo
forearm	el antebrazo
right-handed	diestro

left-handed	zurdo
right	la derecha

16

left	la izquierda
hand	la mano
to handle	manejar
handshake	el apretón (de manos)
handful	el puñado
finger	el dedo
index finger	el (dedo) índice
thumb	el pulgar
palm	la palma
nail	la uña

17

wrist	la muñeca
elbow	el codo
fist	el puño
knuckle	el nudillo
bone	el hueso
spine	la espina dorsal
skeleton	el esqueleto
skull	el cráneo
blood	la sangre
vein	la vena

18

artery	la arteria
capillary	el capilar
liver	el hígado
skin	la piel
pore	el poro
sweat	el sudor
to sweat	sudar
scar	la cicatriz

wart	la verruga
complexion	la tez

19

brain	el cerebro
kidney	el riñon
bladder	la vejiga
spleen	el bazo
gland	la glándula
larynx	la laringe
ligament	el ligamento
cartilage	el cartílago
womb	la matriz, el útero
ovary	el ovario

20

height	la talla
big	grande
small	pequeño
tall	alto
short	bajo, corto
fat	gordo
thin	delgado
strong	fuerte
strength	la fuerza
weak	débil

21

knock-kneed	patizambo
bow-legged	estevado
to stand	estar de pie
to stand up	levantarse
to raise	levantar
to lie down	acostarse
to sleep	dormir
sleep	el sueño

to be sleepy	tener sueño
to dream	soñar

22

to doze	dormitar
to fall asleep	dormirse
asleep	dormido
to be awake	estar despierto
to wake up	despertarse
drowsy	somnoliento
dream	el sueño
nightmare	la pesadilla
conscious	consciente
unconscious	inconsciente

Clothes — La Ropa

23

jacket	la chaqueta
trousers	el pantalón
jeans	los vaqueros
dungarees	el peto
overalls	el mono
braces	los tirantes
sweater	el suéter
sock	el calcetín
to darn	remendar
raincoat	el impermeable

24

overcoat	el abrigo
to shelter	abrigar
to protect	proteger
hat	el sombrero
shadow	la sombra

brim	las alas
cap	la gorra
glasses	las gafas
earmuffs	las orejeras
walking stick	el bastón

25

umbrella	la paraguas
cloth	la tela, el paño
fine	fino
thick	espeso
coarse	basto
shirt	la camisa
T-shirt	la camiseta
tie	la corbata
handkerchief	el pañuelo
suit	el traje

26

waistcoat	el chaleco
skirt	la falda
miniskirt	la minifalda
blouse	la blusa
stockings	las medias
veil	el velo
beret	la boina
collar	el cuello
gloves	las guantes
belt	el cinturón

27

scarf	la bufanda
handkerchief	el pañuelo
button	el botón
to button	abrochar
to unbutton	desabrochar

new	nuevo
second-hand	de segunda mano
graceful	gracioso
narrow	estrecho
broad	ancho

28

ready-made	hecho
to make	hacer
to get made	mandar hacer
to wear	llevar
to use	usar
worn out	usado
useful	útil
useless	inútil
practical	práctico

29

housecoat	la bata
nightdress	el camisón
pyjamas	el pijama
underpants	los calzoncillos
knickers	las bragas
petticoat	la enagua
slip	la combinación
bra	el sostén, el sujetador
leotard	la malla

30

coat hanger	la percha
zip	la cremallera
wristband	la muñequera
sweatshirt	la sudadera
shorts	el pantalón corto
tracksuit	el chándal
dress	el vestido

to dress	vestir
to dress oneself	vestirse
to take off	quitarse

31

to remove	quitar
to undress	desnudarse
naked	desnudo
to put	poner
to put on	ponerse
sash	la faja
apron	el delantal
shawl	la manta
sleeve	la manga
to sew	coser

32

seam	la costura
seamstress	la costurera
thread	el hilo
needle	la aguja
hole	el agujero
scissors	las tijeras
ribbon	la cinta
linen	el lino
lace	el encaje
velcro	el velcro

33

fur	la piel
furry	afelpado
silk	la seda
silky	sedoso
velvet	el terciopelo
cotton	el algodón
nylon	el nailón

fan	el abanico
in fashion	de moda
out of fashion	pasado de moda

34

dressmaker	la modista
pocket	el bolsillo
bag	la bolsa
pin	el alfiler
to tie	atar
to untie	desatar
to loosen	soltar
sandal	la sandalia
slipper	la pantufla, la zapatilla
pair	el par

35

lace	el lazo
shoe	el zapato
sole	la suela
heel	el tacón
to polish	pulir
shoe polish	el betún
shoehorn	el calzador
boot	la bota
leather	el cuero
rubber	el caucho

36

suede	el ante
barefoot	descalzado
to put on one's shoes	calzarse
to take off one's shoes	descalzarse
footwear	el calzado
shoemaker	el zapatero
ring	el anillo

diamond	el diamante
necklace	el collar
bracelet	el brazalete

Family and Relationships
La Familia y Las Relaciones

37

father	el padre
mother	la madre
parents	los padres
son	el hijo
daughter	la hija
children	los hijos
brother	el hermano
sister	la hermana
brotherhood	la hermandad
brotherly	fraternal

38

elder	mayor
younger	menor
husband	el marido
wife	la esposa
uncle	el tío
aunt	la tía
nephew	el sobrino
niece	la sobrina
grandfather	el abuelo
grandmother	la abuela

39

| grandparents | los abuelos |
| grandson | el nieto |

granddaughter	la nieta
boy	el chico, el muchacho
girl	la chica, la muchacha
cousin	el primo *m*, la prima *f*
twin	el gemelo
baby	el bebé
child	el niño *m*, la niña *f*
to be born	nacer

40

to grow up	crecer
name	el nombre
surname	el apellido
birthday	el cumpleaños
age	la edad
old	viejo
to get old	envejecer
old man	el viejo
old woman	la vieja
youth	la juventud

41

young	joven
young man	el joven
young woman	la joven
father-in-law	el suegro
mother-in-law	la suegra
son-in-law	el yerno
daughter-in-law	la nuera
brother-in-law	el cuñado
sister-in-law	la cuñada
orphan	el huérfano *m*, la huérfana *f*

42

stepfather	el padrastro
stepmother	la madrastra

stepson	el hijastro
stepdaughter	la hijastra
stepbrother	el hermanastro
stepsister	la hermanastra
bachelor	el soltero
spinster	la soltera
widower	el viudo
widow	la viuda

43

ancestor	el antepasado
descendant	el descendiente
boyfriend	el novio
girlfriend	la novia
couple	la pareja
love	el amor
to fall in love	enamorarse
to marry	casarse con
wedding	la boda
honeymoon	la luna de miel

44

maternity	la maternidad
paternity	la paternidad
to be pregnant	estar embarazada
to give birth	parir
childbirth	el parto
nurse	la nodriza
child minder	la niñera
to baby-sit	hacer de canguro
baby-sitter	el canguro *m*, la canguro *f*
godmother	la madrina

45

godfather	el padrino
baptism	el bautismo

to baptise	bautizar
crèche	la guardería
to breast-feed	dar de pecho
infancy	la primera infancia
to spoil (child)	mimar
spoiled	mimado
divorce	el divorcio
separation	la separación

46

family planning	la planificación familiar
contraception	la contracepción
contraceptive	el contraconceptivo
contraceptive pill	la píldora anticonceptivo
condom	el preservativo
abortion	el aborto
to have an abortion	abortar
period	la regla, el período
to menstruate	menstruar
to conceive	concebir

47

middle-aged	de mediana edad
menopause	la menopausia
to retire	jubilarse
pensioner	el pensionista *m*, la pensionista *f*
the aging process	el envejecimiento
old age	la vejez
death	la muerte
to die	morir
dying	moribundo
deathbed	el lecho de muerte

48

dead man	el muerto
dead woman	la muerta

death certificate	el certificado de defunción
mourning	el duelo
burial	el entierro
to bury	enterrar
grave	la tumba, la sepultura
cemetery	el cementerio, el campo santo
wake	el velorio
coffin	el ataúd

49

deceased, late	difunto
to console	consolar
to weep	llorar
to wear mourning	llevar luto
to survive	sobrevivir
survivor	el sobreviviente
crematorium	el crematorio
cremation	la cremación
to cremate	cremar
ashes	las cenizas

Health — *La Salud*

50

sickness	la enfermedad
nurse	el enfermero *m*, la enfermera *f*
infirmary	la enfermería
sick	enfermo
hospital	el hospital
patient	el paciente
cough	la tos
to cough	toser
to injure	herir
injury	la herida

51

cramp	el calambre
to cut oneself	cortarse
to dislocate	dislocarse
to faint	desmayarse
to be ill	estar enfermo, estar malo
to become ill	ponerse enfermo
to look after	cuidar
care	el cuidado
careful	cuidadoso

52

carelessness	el descuido
careless	descuidado
negligent	negligente
doctor	el médico *m*, la médica *f*
medicine	la medicina
prescription	la receta
pharmacist	el farmacéutico *m*, la farmacéutica *f*
pharmacy	la farmacia
cure	la cura
curable	curable

53

incurable	incurable
to cure	curar
healer	el curador *m*, la curadora *f*
to get well	sanar
healthy	sano
unhealthy	malsano
to recover	restablecerse
pain	el dolor
painful	doloroso
to suffer	padecer

54

diet	el régimen
obesity	la obesidad
obese	obeso
anorexic	anoréxico
anorexia	la anorexia
obsession	la obsesión
to get fat	engordar
headache	el dolor de cabeza
aspirin	la aspirina
migraine	la jaqueca

55

toothache	el dolor de muelas
stomach upset	el trastorno estomacal
indigestion	la indigestión
food poisoning	la intoxicación alimenticia
sore throat	el dolor de garganta
hoarse	ronco
pale	pálido
to turn pale	palidecer
to faint	desmayarse
cold (*illness*)	el catarro, el resfriado

56

to catch a cold	resfriarse
wound	la herida
surgeon	el cirujano
to heat	calentar
hot	caliente
temperature	la calentura
perspiration	la transpiración
sweaty	sudoroso
fever	la fiebre
germ	el germen

57

microbe	el microbio
contagious	contagioso
vaccine	la vacuna
to shiver	temblar
madness	la locura
mad	loco
drug	la droga
pill	la píldora
to scar	cicatrizarse
stitches	los puntos

58

to relieve	aliviar
swollen	hinchado
boil	el divieso
to bleed	sangrar
to clot	coagularse
blood cell	la célula sanguínea
blood group	el grupo sanguíneo
blood pressure	la presión sanguínea
blood test	el análisis de sangre
check up	el chequeo

59

epidemic	la epidemia
plague	la plaga
allergy	la alergía
allergic	alérgico
angina	la angina
tonsillitis	la amigdalitis
fracture	la fractura
cast	la escayola
crutch	la muleta
wheelchair	la silla de ruedas

60

haemophiliac	el hemofílico *m*, la hemofílica
haemophilia	la hemofilia
cholesterol	el colesterol
vitamin	la vitamina
calorie	la caloría
handicapped person	el minusválido
handicap	la minusvalía
pneumonia	la pulmonia
heart attack	el infarto
bypass operation	la operación de bypass

61

heart surgery	la cirugía cardíaca
microsurgery	la microcirugía
pacemaker	el marcapasos
heart transplant	el trasplante del corazón
smallpox	la viruela
stroke	la apoplejía
tumour	el tumor
HIV positive	VIH positivo
AIDS	el SIDA
cancer	el cáncer

62

breast cancer	el cáncer de mama
chemotherapy	la quimioterapia
screening	la exploración
diagnosis	el diagnóstico
antibody	el anticuerpo
antibiotic	el antibiótico
depression	la depresión
depressed	deprimido
to depress	deprimir
to undergo an operation	operarse

63

painkiller	el analgésico
treatment	el tratamiento
anaesthetic	la anestesia
anaesthetist	el anestesista *m*, la anestesista *f*
donor	el donante *m*, la donante *f*
genetic engineering	la ingeniera genética
test-tube baby	el bebé probeta
infertile	estéril
hormone	la hormona

64

psychologist	el psicólogo *m*, la psicóloga *f*
psychology	la psicología
psychoanalyst	el psicoanalista *m*, la psicoanalista *f*
psychoanalysis	el psicoanálisis
psychosomatic	psicosomático
hypochondriac	hypocondríaco
plastic surgery	la cirugía estética
face-lift	el estiramiento facial
implant	el implante
self-esteem	la autoestima

65

to smoke	fumar
passive smoking	el fumar pasivo
to inhale	inhalar
withdrawal syndrome	el síndrome de abstinencia
alcohol	el alcohol
hangover	la resaca
alcoholic	el alcohólico *m*, la alcohólica
drug addict	el toxicómano
drug addiction	la toxicomanía
drugs traffic	el narcotráfico

66

heroin	la heroína
cocaine	la cocaína
drugs trafficker	el narcotraficante
to launder money	blanquear el dinero
syringe	la jeringuilla
to inject	inyectar
to take drugs	drogarse
clinic	la clínica
outpatient	el paciente externo
therapy	la terapia

Nature — *La Naturaleza*

67

world	el mundo
natural	natural
creation	la creación
the Big Bang theory	la teoría de la gran explosión
supernatural	sobrenatural
to create	crear
sky	el cielo
galaxy	la galaxia
the Milky Way	la Vía Láctea
the Plough	el carro, la Osa Mayor

68

astronomer	el astrónomo *m*, la astrónoma
astronomy	la astronomía
telescope	el telescopio
UFO	OVNI (objeto volante no identificado)
light year	el año luz
asteroid	el asteroide

meteor	el meteorito
comet	el cometa
star	la estrella
starry	estrellado

69

to twinkle	centellear
to shine	resplandecer
planet	el planeta
earth	la Tierra
Mercury	el Mercurio
Venus	el Venus
Mars	el Marte
Jupiter	el Júpiter
Saturn	el Saturno
Neptune	el Neptuno

70

Uranus	el Urano
Pluto	el Plutón
orbit	la órbita
to orbit	orbitar
gravity	la gravedad
satellite	el satélite
moon	la luna
eclipse	el eclipse
sun	el sol
sunspot	la mancha solar

71

ray	el rayo
to radiate	radiar
radiant	radioso
to shine	brillar
shining	brillante
brilliancy	el brillo

sunrise	la salida del sol
to rise	salir
sunset	la puesta del sol
to set (*sun*)	ponerse

72

dawn	el amanecer
to dawn	amanecer
dusk	el crepúsculo
to grow dark	anochecer
earthquake	el terremoto
volcano	el volcán
eruption	la erupción
deserted	desierto
desert	el desierto
plain	la llanura

73

flat	llano, plano
level	el nivel
valley	el valle
hill	la colina
mountain	el monte, la montaña
mountainous	montañoso
peak	el pico
summit	la cumbre, la cima
range of mountains	la cordillera
crag	el peñasco

74

rock	la roca
steep	empinado
slope	la cuesta
coast	la costa
coastal	costero
shore	la orilla

beach	la playa
cliff	el acantilado
sea	el *or* la mar
tide	la marea

75

high tide	la pleamar
low tide	la bajamar
ebb tide	el reflujo
flood tide	el flujo
wave	la ola
foam	la espuma
tempest	la tempestad
hurricane	el huracán
gulf	el golfo
bay	la bahía

76

cape	el cabo
straits	el estrecho
island	la isla
spring,	la fuente
fountain	el surtidor
waterfall	la cascada
stream	el arroyo
river	el río
current	la corriente
draught	la corriente de aire

77

glacier	el glaciar
iceberg	el iceberg
ice cap	el casquete de hielo
icefloe	el témpano de hielo
to flood	inundar
flood	la inundación

border	el borde
lake	el lago
pond	el estanque
marsh	el pantano

78

deep	hondo, profundo
depth	la profundidad
weather	el tiempo
fine, fair	ameno
climate	el clima
barometer	el barómetro
thermometer	el termómetro
degree	el grado
air	el aire
breeze	la brisa

79

cool, fresh	fresco
wind	el viento
windy	ventoso
dampness	la humedad
damp	húmedo
to wet	mojar
wet	mojado
storm	la tormenta, la borrasca
stormy	borrascoso
dry	seco

80

drought	la sequía
to dry	secar
rainbow	el arco iris
rain	la lluvia
rainy	lluvioso
to rain	llover

drop	la gota
shower	el chaparrón, el aguacero
cloud	la nube
cloudy	nublado

81

to cloud over	nublarse
to clear up	despejar
lightning	el relámpago
lightning conductor	el pararrayos
to flash (*lightning*)	relampaguear
sheet lightning	el relámpago fucilazo
fork lightning	el relámpago en zigzag
harmful	dañoso
to harm	hacer daño
thunder	el trueno

82

to thunder	tronar
fog	la bruma
mist	la niebla
foggy	brumoso
misty	nebuloso
snow	la nieve
to snow	nevar
snowstorm	la ventisca
snowfall	la nevada
hailstone	el granizo

83

to hail	granizar
to freeze	helar
frozen	helado
icicle	el carámbano
frost	la escarcha
to thaw	deshelarse

ice	el hielo
thaw	el deshielo
heatwave	la ola de calor
sultry	bochornoso

Minerals   *Los Minerales*

84

metal	el metal
mine	la mina
mineral	el mineral
forge	la fragua
to forge	fraguar, forjar
steel	el acero
iron	el hierro
iron *adj*	ferreo
bronze	el bronze
brass	el latón

85

copper	el cobre
tin	el estaño
lead	el plomo
zinc	el zinc
nickel	el níquel
aluminium	el aluminio
silver	el plato
gold	el oro
platinum	el platino
mould	el molde

86

to extract	extraer
to exploit	explotar
miner	el minero

to melt, smelt	fundir
to mould	moldar
rust	la herrumbre
rusty	herrumbroso
to solder	soldar
to alloy	alear
alloy	la aleación

87

stone	la piedra
stony	pedregoso
quarry	la cantera
granite	el granito
to polish	pulir
polished	pulido
smooth	liso
marble	el mármol
lime	la cal
chalk	la creta

88

clay	la arcilla
sulphur	el azufre
jewel	la joya
pearl	la perla
diamond	el diamante
ruby	el rubí
emerald	la esmeralda
mother-of-pearl	el nácar
enamel	el esmalte
sapphire	el zafiro

89

agate	el ágata
opal	el ópalo
lapis-lazuli	el lapislázuli

obsidian	la obsidiana
garnet	el granate
alkali	el álcali
acid	el ácido
acidity	la acidez
plutonium	el plutonio
radium	el radio

Animals

Los Animales

90

domestic	doméstico
tame	manso
cat	el gato
kitten	el gatito
to mew	maullar
feline	felino
claw	la garra
dog	el perro
bitch	la perra
puppy	el cachorro

91

to bark	ladrar
canine	canino
watchful	vigilante
watchdog	el perro guardián
pet	el animal doméstico
breed	la raza
greyhound	el galgo
alsatian	el pastor alemán
terrapin	la tortuga de agua dulce
hamster	el hámster

92

aquarium	el acuario
aquatic	acuático
horse	el caballo
to neigh	relinchar
stallion	el semental
mare	la yegua
colt	el potro
donkey	el asno, el burro
to bray	rebuznar
mule	el mulo

93

male	el macho
female	la hembra
livestock	el ganado
horn	el cuerno, el asta
paw	la pata
hoof	la pezuña
tail	el rabo, la cola
flock	el rebaño
cow	la vaca
ox	el buey

94

to low	mugir
bull	el toro
calf	el ternero
heifer	la novilla
lamb	el cordero
sheep	la oveja
ram	el carnero
ewe	la oveja
goat	la cabra
pig	el cerdo, el puerco

95

to grunt	gruñir
to fatten	cebar
wild, savage	salvaje
carnivorous	carnicero, carnívoro
herbivorous	herbívoro
omnivorous	omnívoro
quadruped	el cuádrupedo
biped	el bípedo
mammal	el mamífero
warm-blooded	de sangre caliente

96

predator	el depredador
prey	la presa
lion	el león
lioness	la leona
lion cub	el cachorro de león
to roar	bramar, rugir
mane	la melena
tiger	el tigre
tigress	la tigresa
cheetah	el leopardo cazador

97

leopard	el leopardo
lynx	el lince
mountain lion	la puma
panther	la pantera
wolverine	el carcayú
hyaena	la hiena
jackal	el chacal
carrion	la carroña
jaguar	el jaguar
tapir	el tapir

98

buffalo	el búfalo
mongoose	la mangosta
porcupine	el puerco espín
armadillo	el armadillo
skunk	la mofeta
sloth	el perezoso
rhinoceros	el rinoceronte
hippopotamus	el hipopótamo
wolf	el lobo
pack	la manada

99

bear	el oso
to hibernate	invernar
zebra	la cebra
bison	el bisonte
to graze	apacentar
pasture	el pasto
wild boar	el jabalí
ferocious	feroz
bristle	la cerda
elephant	el elefante

100

tusk	el comillo
trunk	la trompa
camel	el camello
hump	la giba
dromedary	el dromedario
llama	la llama
deer	el ciervo
doe	la gama
stag	el ciervo
elk	el alce

101

moose	el alce de Amérca
antler	la cuerna
fox	el zorro
cunning	astuto
craft, cunning	la astucia
hare	la liebre
badger	el tejón
otter	la nutria
dormouse	el lirón
shrew	la musaraña

102

hedgehog	el erizo
weasel	la comadreja
mink	el visón
beaver	el castor
dam	la presa
mole	el topo
molehill	la topera
mouse	el ratón
mousetrap	la ratonera

103

rabbit	el conejo
hutch	la conejera
rat	la rata
bat	el murciélago
nocturnal	nocturno
primate	el primate
gorilla	el gorila
monkey	el mono
orang-utan	el orangután
baboon	el mandril
chimpanzee	el chimpancé

104

gibbon	el gibón
marsupial	el marsupial
kangaroo	el canguro
koala	la coala
giant panda	el panda gigante
invertebrate	el invertebrado
exoskeleton	el dermatoesqueleto
insect	el insecto
to hum	zumbar
humming	el zumbido

105

antenna	la antena
worm	el gusano
to worm	serpentear
earthworm	la lombriz
tapeworm	la lombriz intestinal
parasite	el parásito
beetle	el escarabajo
stag beetle	el ciervo volante
silkworm	el gusano de seda
caterpillar	la oruga

106

chrysalis	la crisálida
metamorphosis	la metamorfosis
to metamorphose	metamorfosear
butterfly	la mariposa
moth	la mariposa nocturna
fly	la mosca
bluebottle	la moscarda
spider	la araña
web	la telaraña
to spin	devanar

107

wasp	la avispa
hornet	el avispón
to sting	picar
sting	la picadura
bee	la abeja
worker (*bee, ant*)	la obrera
bumblebee	el abejorro
queen bee	la abeja madre
beehive	la colmena
apiary	el abejar

108

apiarist	el apicultor
drone	el zángano
honey	la miel
honeycomb	el panal
grasshopper	el saltamontes
locust	la langosta
to infest	infestar
cricket	el grillo
glow-worm	la luciérnaga
ant	la hormiga

109

anthill	el hormiguero
colony	la colonia
to itch	hormiguear
itch	el hormigueo
termite	la termita
troublesome	molesto
to molest	molestar
mosquito	el mosquito
mosquito net	el mosquitero
malaria	la malaria

110

flea	la pulga
earwig	la tijereta
praying mantis	la mantis religiosa
scorpion	el escorpión
snail	el caracol
slug	el limaco
louse	el piojo
lousy	piojoso
centipede	el ciempiés
millipede	el milpiés

111

reptile	el reptil
cold-blooded	de sangre fría
tortoise	la tortuga
turtle	la tortuga marina
crocodile	el cocodrilo
alligator	el caimán
serpent	la serpiente
snake	la culebra
slowworm	el lución
harmless	inofensivo

112

crawl	arrastrarse
viper	la víbora
fang	el colmillo
python	el pitón
anaconda	la anaconda
rattlesnake	la serpiente de cascabel
cobra	la cobra
poison	el veneno
antidote	el antídoto
poisonous	venenoso

113

bird	el pájaro
aviary	la avería
ostrich	el avestruz
beak, bill	el pico
wing	el ala
to fly	volar
flight	el vuelo
flightless	incapaz de volar
to lay (eggs)	poner (huevos)
to nest	anidar

114

canary	el canario
robin redbreast	el pitirrojo
chaffinch	el pinzón
nightingale	el ruiseñor
sparrow	el gorrión
swallow	la golondrina
lark	la alondra
cuckoo	el cuclillo
magpie	la urraca

115

blackbird	el mirlo
crow	el cuervo
to caw	graznar
seagull	la gaviota
albatross	el albatros
cormorant	el cormorán
partridge	la perdiz
pheasant	el faisán
stork	la cigüeña
owl	el buho

116

rooster	el gallo
cockcrow	el canto del gallo
to crow	cacarear
cock-a-doodle-do	quiquiriquí
hen	la gallina
feather	la pluma
to pluck	desplumar
chicken	el pollo
to brood	empollar
to breed	criar

117

pigeon	la paloma
duck	el pato
goose	el ganso
swan	el cisne
parrot	el loro
toucan	el tucán
turkey	el pavo
peacock	el pavo real
hummingbird	el colibrí
bird of paradise	la ave del paraíso

118

rapacious	rapaz
bird of prey	el ave de rapiña
eagle	el águila *f*
vulture	el buitre
peregrine falcon	el halcón peregrino
to swoop	abatirse
falcon	el halcón
falconer	el halconero
falconry	la halconería
condor	el cóndor

hawk	el halcón
to hover (*hawk*)	cernerse

119

amphibious	anfibio
amphibian	el anfibio
frog	la rana
bullfrog	la rana toro
tadpole	el renacuajo
toad	el sapo
salamander	la salamandra
crustacean	el crustácep
crab	el cangrejo
prawn	la gamba

120

fish	el pez
goldfish	el pez de colores
piranha	la piraña
voracious	voraz
carp	la carpa
sturgeon	el esturión
caviar	el caviar
trout	la trucha
hake	la merluza
herring	el arenque

121

sardine	la sardina
skate	la raya
cod	el bacalao
eel	la anguila
electric eel	la anguila eléctrica
elver	la angula
salmon	el salmón
school (*fish*)	el cardumen, el banco

coral	el coral
coral reef	el arrecife de coral

122

flipper	la aleta
fin	la aleta
gills	las agallas
shell	la concha
scale	la escama
squid	el calamar
octopus	el pulpo
tentacle	el tentáculo
cuttlefish	la sepia
crayfish	el ástaco

123

lobster	la langosta
sea urchin	el erizo de mar
sea horse	el caballito de mar
starfish	la estrella de mar
shellfish	el molusco
oyster	la ostra
shark	el tiburón
whale	la ballena
killer whale	la orca
dolphin	el delfín

124

seal	la foca
sea lion	el león marino
walrus	la morsa
natural selection	la selección natural
survival of the fittest	la supervivencia de los más aptos
evolution	la evolución
to evolve	evolucionar

zoology	la zoología
zoologist	el zoólogo *m*, la zoóloga *f*
zoo	el zoo

125

habitat	el habitat
extinct	extinto
dinosaur	el dinosaurio
mammoth	el mamut
dodo	el dodó
yeti	el yeti
mythical	mitíco
myth	el mito
unicorn	el unicornio
dragon	el dragón

Plants   *Las Plantas*

126

to plant	plantar
to transplant	trasplantar
root	la raíz
to root (*pig etc*)	hozar
to take root	arraigar
to uproot	desarraigar
radical	radical
tendril	el zarcillo
stalk	el tallo
sap	la savia

127

foliage	el follaje
leaf	la hoja
leafy	frondoso
to shed leaves	deshojarse

deciduous	de hoja caduca
evergreen	de hoja perenne
perennial	perenne
thorn	la espina
thorn tree	el espino
thorny	espinoso

128

weed	la mala hierba
to weed	desherbar
to thin	entresacar
thistle	el cardo
nettle	la ortiga
briar	la zarza
hemlock	la cicuta
deadly nightshade	la belladona
Venus flytrap	la atrapamoscas
rush	el junco

129

reed	la caña
epiphyte	el epifito
moss	el musgo
spider plant	la malambre
bud	el brote, el capullo
to bud	brotar
flower	la flor
to flower	florecer
blooming	florido
petal	el pétalo

130

to wither	marchitarse
withered	marchito
garland	la guirnalda
scent	la fragancia

garden	el jardín
gardener	el jardinero
landscape gardener	el jardinero paisajista
to water	regar
watering can	la regadera
irrigation	el riego

131
herb	la hierba (fina)
thyme	el tomillo
rosemary	el romero
sage	la salivia
parsley	el perejil
mint	la menta
tarragon	el dragoncillo
coriander	el culantro
dill	el eneldo
watercress	el berro

132
balsam	el bálsamo
chicory	la escarola
chive	el cebollino
mustard	la mostaza
basil	la albahaca
clover	el trébol
grass	la hierba
shrub	el arbusto
myrtle	el mirto
gorse	la aulaga

133
flowerbed	el arriate
pansy	el pensamiento
primrose	la prímula
daisy	la margarita

anemone	la anemona
tulip	el tulipán
hyacinth	el jacinto
lily	el lirio
lily of the valley	el muguete
mignonette	la reseda

134

snowdrop	la campanilla blanca
crocus	el azafrán
carnation	el clavel
bluebell	la campanula
poppy	la amapola
cornflower	el alciano
buttercup	el botón de oro
daffodil	el narciso
forget-me-not	la no me olvides

135

foxglove	la dedalera
sunflower	el girasol
dandelion	el diente de león
snapdragon	la boca de dragón
marigold	la caléndula
orchid	la orquídea
bush	el arbusto
magnolia	la magnolia
fuchsia	la fucsia
rhododendron	el rododendro

136

rock plant	la planta rupestre
heather	el brezo
undergrowth	la maleza
scrub	el monte bajo
broom	la hiniesta

mallow	la malva
laurel	el laurel
privet	el ligustro
hedge	el seto
to enclose	cercar

137

vegetables	las hortalizas
kitchen garden	el huerto
mushroom	la seta
fungus	el hongo
harmful	nocivo
leek	el puerro
radish	el rábano
lettuce	la lechuga
celery	el apio
rhubarb	el ruibarbo

138

chard	la acelga
spinach	la espinaca
turnip	el nabo
potato	la patata
to peel	pelar
to scrape	raspar
husk	la vaina
to husk	desvainar
cabbage	la berza, la col
hedge	el seto

139

fruit	la fruta
fruit tree	el árbol frutal
to graft	injertar
graft	el injerto
to shake	sacudir

to prune	podar
pear tree	el peral
pear	la pera
apple tree	el manzano
cherry tree	el cerezo

140

cherry	la cereza
plum	la ciruela
plum tree	el ciruelo
prune	la ciruela seca
stone	el hueso
to stone	deshuesar
almond	la almendra
almond tree	el almendro
peach	el melocotón
peach tree	el melocotonero

141

apricot	el albaricoque
apricot tree	el albaricoquero
walnut	la nuez
walnut tree	el nogal
chestnut	la castaña
chestnut tree	el castaño
hazelnut	la avellana
hazelnut tree	el avellano
lemon	el limón
lemon tree	el limonero

142

orange	la naranja
orange tree	el naranjo
olive	la aceituna
olive tree	el olivo
date	el dátil

palm tree	la palmera, la palma
pomegranate	la granada
pomegranate tree	el granado
banana tree	el plátano
pineapple	el ananá

143

coconut	el coco
coconut tree	el cocotero
sugar cane	la caña de azúcar
yam	la batata
lychee	el lychee
kiwi	el kiwi
ripe	maduro
to ripen	madurar
juicy	suculento
strawberry	la fresa

144

strawberry plant	el fresal
medlar	la níspola
medlar tree	el níspero
raspberry	la frambuesa
raspberry bush	el frambueso
blackcurrant	la grosella
currant bush	el grosellero
gooseberry	la uva espina
grape	la uva
raisin	la pasa

145

vine	la vid
vineyard	la viña, el viñedo
vintner	el viñero
grape harvest	la vendimia
to gather grapes	vendimiar

press	la prensa
to press	prensar
forest trees	los árboles de bosque
wood	el bosque
jungle	la selva

146

woody	silvoso
wild, uncultivated	silvestre
ivy	la hiedra
to climb	trepar
creeping	trepador
wisteria	la glicina
mistletoe	el muérdago
berry	la baya
rosewood	el palosanto
juniper	el enebro
fern	el helecho

147

tree	el árbol
bark	la corteza
branch	la rama
twig	la ramita
knot	el nudo
tree ring	el anillo de árbol
trunk	el tronco
oak	el roble
acorn	la bellota
holm oak	la encina

148

beech	el haya
ash	el fresno
elm	el olmo
poplar	el álamo

aspen	el álamo temblón
lime	el tilo
birch	el abedul
fir	el abeto
conifer	la conífera
coniferous	conífero

149
cone	el cono
pine	el pino
hop	el lúpulo
monkey puzzle	la araucaria
sycamore	el sicomoro
maple	el arce
holly	el acebo
alder	el aliso
bamboo	el bambú
eucalyptus	el eucalipto

150
acacia	la acacia
rubber tree	el caucho
mahogany	la caoba
ebony	el ébano
cedar	el cedro
cactus	el cactus
cacao tree	el cacao
giant sequoia	la secuoya gigante
bonsai	el bonsai
yew	el tejo

151
weeping willow	el sauce llorón
azalea	la azalea
catkin	el amento
spore	la espora

pollination	la polinización
to pollinate	polinizar
pollen	el polen
to fertilise	fecundar
stock (*species*)	el alhelí
hybrid	el híbrido

The Environment   El Medio Ambiente

152

environmental	medioambiental
environmentalist	el ambientalista *m*, la ambientalista *f*
environmentalism	el ambientalismo
pollution	la contaminación
conserve	conservar
conservation	la conservación
waste	el despilfarro
to waste	despilfarrar
rubbish	la basura
rubbish tip	el vertedero

153

sewage	las aguas residuales
spill	el vertido
poisonous	venenoso
to poison	envenenar
industrial waste	los residuos industriales
toxic	tóxico
pollutant	el contaminante
to pollute	contaminar
consumerism	el consumismo
consumerist	consumista

154

to consume	consumir
solar panel	el placa solar
windmill	el molino
wind energy	la energía eólica
wave energy	la energía de las ondas
wildlife	la fauna
harmful	nocivo
atmosphere	la atmósfera
smog	la niebla tóxica
unleaded petrol	la gasolina sin plomo

155

ecosystem	el ecosistema
ecology	la ecología
ecologist	el ecologista
acid rain	la lluvia ácida
deforestation	la deforestación
to deforest	deforestar
rainforest	la selva
underdeveloped	subdesarrollado
industrialised	industrializado
ozone layer	la capa de ozono

156

oil slick	la marea negra
oil spill	la fuga de petróleo
greenhouse effect	el efecto invernadero
to recycle	reciclar
recycling	el reciclaje
renewable	renovable
fossil fuels	los combustibles fósiles
resource	el recurso
landfill	el vertedero de basuras
to waste	despilfarrar

157

decibel	el decibel
to soundproof	insonorizar
radiation	la radiación
radioactive	radioactivo
nuclear energy	la energía nuclear
fallout	el polvillo radiactivo
reactor	el reactor
fission	la fisión
fusion	la fusión
leak	la fuga

The Home   *La Casa*

158

house	la casa
apartment block	el edificio de pisos
to let	alquilar
tenant	el inquilino
housing	el alojamiento
to change	mudar
to move house	mudarse
landlord, owner	el dueño, el propietario
own	propio
ownership	la propiedad

159

country house	la casa de campo
farmhouse	el caserío, la quinta
villa	el chalet
cottage	la casita, la choza
chalet	el chalet
terraced house	la casa adosada
semi-detached house	la casa pareada

country house	la casa solariega
mansion	la mansión
palace	el palacio

160

castle	el castillo
igloo	el iglú
teepee	el tipi
log cabin	la cabina de troncos
houseboat	el bote-vivienda
hut	la casilla
house trailer	la casa rodante
penthouse	la casa de azotea
lighthouse	el faro
shack	la casucha

161

building	el edificio, la construcción
to build	edificar, construir
building site	la obra
building contractor	el contratista
repair	reparar
solid	sólido
to destroy	destruir
to demolish	derribar
garage	el garaje
shed	el cobertizo

162

door	la puerta
doorknocker	la aldaba
to knock at the door	llamar a la puerta
doormat	el felpudo
doorbell	el timbre
threshold	el umbral
bolt	el cerrojo

plan	el plan
foundations	las fundaciones
to found	fundar

163

cement	el cemento
concrete	el hormigón
stone	la piedra
cornerstone	la piedra angular
antiquated	antiguo
modern	moderno
luxurious	lujoso
roomy	espacioso
whitewashed	blanqueado
neglected	descuidado

164

worm-eaten	carcomido
moth-eaten	apollillado
shanty	la chabola
shantytown	la barriada
brick	el ladrillo
sand	la arena
slate	la pizarra
gutter	la canaleta
drainpipe	el caño de desagüe
step	el peldaño

165

plaster	el yeso
skirting	el zócalo
floor	el suelo
wall	el muro
partition wall	la pared
wood	la madera
board	la tabla

beam	la viga
to sustain	sostener
to contain	contener

166

facade	la fachada
outside	el exterior
inside	el interior
window	la ventana
windowsill	el alféizar
venetian blind	la celosía
shutter	la persiana
balcony	el balcón
windowpanes	los cristales
glass	el vidrio

167

porch	el pórtico
door	la puerta
hinge	el gozne
front door	el portal
doorkeeper	el portero
to open	abrir
opening	la abertura
entrance	la entrada
to enter	entrar (en)
to go out	salir

168

way out	la salida
lock	la cerradura
to shut	cerrar
key	la llave
to lock	cerrar con llave
padlock	el candado
staircase	la escalera

upstairs	escalera arriba
downstairs	escalera abajo
landing	el rellano

169

ladder	la escala
banisters	la barandilla
lift	el ascensor
to go up	subir
to ascend	ascender
ascent	la subida
to go down	bajar
descent	la bajada
low	bajo
storeys	los pisos

170

ground floor	el piso bajo
first floor	el piso principal
cellar	la bodega
tile	la teja
roof	el tejado, el techo
ceiling	el techo
floor	el suelo
to turn	girar
to return	volver
return	la vuelta

171

to give back	devolver
chimney	la chimenea
hearth	el hogar
fire	el fuego
spark	la chispa
to sparkle	chispear
flame	la llama

ashes	las cenizas
stove	la estufa
smoke	el humo

172

to smoke (*of fire*)	humear
to burn	quemar
to blaze	arder
ardent	ardiente
coal	el carbón
charcoal	el carbón de leña
embers	el rescoldo
to scorch	abrasar
to glow	resplandecer
firewood	la leña

173

woodcutter	el leñador
shovel	la pala
poker	el hurgón
to poke	atizar
matches	los fósforos, las cerillas
wax	la cera
to light	encender
box	la caja
drawer	el cajón
chest of drawers	la cómoda

174

comfortable	cómodo
uncomfortable	incómodo
lighting	el alumbrado
dazzle, splendour	la lumbre
to light up	alumbrar
to put out, extinguish	apagar
light	la luz

lamp	la lámpara
lampshade	la pantalla
wick	la torcida, la mecha

175

candle	la candela
candlestick	el candelero
room	el cuarto, la habitación
to inhabit	habitar
inhabitant	el habitante
to reside	morar
residence	la morada
hall (*large room*)	la sala
furniture	los muebles
a piece of furniture	un mueble

176

furnished	amueblado
corridor	el pasillo
hall, lobby	el vestíbulo
hall stand	el perchero
sitting room	la sala de estar
lounge	el salón
to serve	servir
guest	el invitado, el convidado
to invite	invitar
table	la mesa

177

seat	el asiento
to sit down	sentarse
to be sitting	estar sentado
cushion	el cojín
stool	el taburete
chair	la silla
armchair	el sillón, la butaca

rocking chair	la mecedora
sofa	el sofá
couch	el canapé
bench	el banco

178

bookcase	la estantería
bookshelf	el estante
bookrest	el atril
library	la biblioteca
office, study	el despacho
writing desk	el escritorio, el bufete
to write	escribir
handwriting	la escritura
paper	el papel

179

record-player	el tocadiscos
LP	el elepé
hi-fi	la alta fidelidad
television	la televisión
video recorder	el aparato de video
radiator	el radiador
radio	la radio
ornament	un adorno
clock	el reloj
grandfather clock	el reloj de pie

180

tapestry	la tapicería
a tapestry	un tapiz
to hang	colgar
to take down	descolgar
wallpaper	el papel pintado
to wallpaper	empapelar
tile (*decorative*)	el azulejo

floor tile	la baldosa
tiling	el embaldosado
picture	el cuadro

181

frame	el marco
portrait	el retrato
photograph	la fotografía
photograph album	el álbum fotográfico
dining room	el comedor
to eat, dine	comer
meals	las comidas
breakfast	el desayuno
to breakfast	desayunar
lunch	el almuerzo

182

dinner	la comida
to lunch	almorzar
supper	la cena
to have supper	cenar
sideboard	el aparador
larder	la alacena
pantry	la despensa
shelf	el anaquel, la balda
cup	la taza
draining board	el escurridero

183

sugarbowl	el azucarero
coffeepot	la cafetera
teapot	la tetera
tray	la bandeja
table service	el servicio de mesa
tablecloth	el mantel
napkin	la servilleta

plate	el plato
saucer	el platillo
serving dish	la fuente

184

microwave	el microondas
to microwave	calentar en microondas
food mixer	el robot de cocina
refrigerator	el refrigerador
grater	el rallador
flower-pot	el florero
(drinking) glass	el vaso, la copa
glassware	la cristalería
to cook	cocinar
to boil	cocer

185

gas cooker	la cocina de gas
electric cooker	la cocina éléctrica
grill	el grill
barbecue grill	la parrilla
saucepan	la cacerola
refuse, rubbish	la basura
washing machine	la lavadora
sewing machine	la máquina de coser
washing powder	el detergente
vacuum cleaner	la aspiradora

186

electricity	la electricidad
fusebox	la caja de fusibles
central heating	la calefacción central
light bulb	la bombilla
switch	el interruptor
to switch on	encender
to switch off	apagar

plug	el enchufe
socket	la toma de corriente
air conditioning	el aire acondicionado

187

lid, cover	la tapa
to cover	tapar
to uncover	destapar
to uncork	descorchar
crockery	la vajilla
to cover	cubrir
discover	descubrir
spoon	la cuchara
teaspoon	la cucharita
spoonful	la cucharada

188

fork	el tenedor
cutlery	la cuchillería
set of cutlery	los cubiertos
knife	el cuchillo
to carve (*meat*)	trinchar
to cut	cortar
sharp	cortante
bottle	la botella
cork	el corcho
corkscrew	el sacacorchos

189

to pull out	sacar
to drink	beber
beverage, drink	la bebida
to toast (*health*)	brindar
oven	el horno
utensils	los utensilios
saucepan	la cacerola

frying pan	la sartén
pot	el puchero, la olla
pitcher	el cántaro

190

bucket	el cubo
to pour out	verter
basket	el cesto
to fill	llenar
full	lleno
empty	vacío
to empty	vaciar
broom	la escoba
to sweep	barrer
to rub, scrub	frotar

191

to wash (*dishes*)	fregar
bedroom	el dormitorio, la alcoba
to go to bed	acostarse
bed	la cama
bedspread	la cubrecama
bunk bed	la litera
cot	la cuna
mattress	el colchón
sheets	las sábanas
electric blanket	la manta eléctrica

192

bolster	el cabezal
pillow	la almohada
carpet	la alfombra
rug, mat	el tapete
to wake	despertar
to awake	despertarse
to get up early	madrugar

the early hours	la madrugada
curtain	la cortina
attic	la buhardilla

193

alarm clock	el despertador
hot-water bottle	la bolsa de agua caliente
nightcap	el gorro de dormir
to sleepwalk	pasearse dormido
sleepwalker	el sonámbulo *m*, la sonámbua *f*
sleepwalking	el sonambulismo
wardrobe	el guardaropa
to keep, preserve	guardar
dressing table	el tocador
screen	el biombo

194

bathroom	el cuarto de baño
bath	el baño
bathtub	la bañera
to bathe	bañarse
to wash	lavar
to wash oneself	lavarse
towel	la toalla
washbasin	el lavabo
shower	la ducha
to take a share	ducharse

195

tap	el grifo
to turn on (tap)	abrir (el grifo)
to turn off (tap)	cerrar (el grifo)
sponge	la esponja
facecloth	el paño
toothbrush	el cepillo de dientes
toothpaste	el dentífrico

toothpick	el palillo
toilet paper	el papel higiénico
toilet bowl	el inodoro

196

soap	el jabón
shampoo	el champú
makeup	el maquillaje
face cream	la crema de belleza
face pack	la mascarilla
compact	la polvera
lipstick	la barra de labios
nail file	la lima de uñas
nail clippers	el cortauñas
nail varnish	el esmalte de uñas

197

hairpin	la horquilla
hairdryer	el secador
hairspray	el fijador
hairslide	el pasador
hairpiece	el postizo
hairnet	la redecilla
to wipe	enjugar
to clean	limpiar
clean	limpio
dirty	sucio

198

mirror	el espejo
basin	la palangana, la jofaina
jug	el jarro
razor (cutthroat)	la navaja
smoke detector	el detector de humo
razorblade	la hoja de afeitar
electric razor	la máquina de afeitar

shaving foam	la espuma de afeitar
comb	el peine
to comb (oneself)	peinarse

199

tools	las herramientas
saw	la sierra
to saw	aserrar
drill	el taladro
drill bit	la broca
sawdust	el serrín
hammer	el martillo
nail	el clavo
to nail	clavar
spade	la pala
pickaxe	el pico

200

screw	el tornillo
screwdriver	el destornillador
axe	la hacha
paint	la pintura
paintbrush	la brocha
to paint	pintar
glue	la cola
to glue, stick	pegar
sander	el lijadora
sandpaper	el papel de lija

Society · *La Sociedad*

201

street	la calle
walk, promenade	el paseo
to go for a walk	pasear

passer-by	el transeúnte
avenue	la avenida
kiosk	el quiosco
native of	natural de, oriundo de
compatriot	el compatriota
pavement	la acera
gutter	la cuneta

202

road	el camino
high road	la carretera
street lamp	el farol
traffic	la circulación
frequented	frecuentado
to frequent	frecuentar
pedestrian	el peatón
pedestrian area	la zona peatonal
square	la plaza
park	el parque

203

crossroads	el cruce
corner	la esquina, el rincón
alley	el callejón
quarter (*of town*)	el barrio
slum	el barrio bajo
outskirts	los alrededores
around	alrededor de
dormitory town	la ciudad dormitoria
premises	el local
warehouse	el almacén

204

cul-de-sac	el callejón sin salida
one-way	único sentido
traffic jam	el embotellamiento

rush hour	la hora punta
zebra crossing	el paso de cebra
shop window	el escaparate
poster	el cartel
bus stop	la parada de autobús
to queue	hacer cola
routine	la rutina

205

shop	la tienda
shopkeeper	el tendero
counter	el mostrador
to show	mostrar
inn	la posada, la fonda
innkeeper	el posadero
to stay	quedarse
lodging house	la pensión
guest	el huésped
board and lodgings	comida y alojamiento

206

profession	la profesión
trade	el oficio
mechanic	el mecánico
engineer	el ingeniero
spinner	el hilandero
workman	el obrero
operative	el operario
apprentice	el aprendiz
apprenticeship	el aprendizaje
day labourer	el jornalero

207

fireman	el bombero
fire station	la estación de bomberos
fire hydrant	la boca de riego

shop assistant	el dependiente
fishmonger	el pescadero
fishmonger's	la pescadería
street sweeper	el barrendero
library	la biblioteca
librarian	el bibliotecario
notary	el notario

208
policeman	el policía
police (force)	la policía
police station	la comisaría
secretary	el secretario
plumber	el plomero
jeweller	el joyero
stonecutter	el picapedrero
hatter	el sombrerero
hatter's shop	la sombrerería

209
carpenter	el carpintero
ironmonger	el quincallero
miller	el molinero
mill	el molino
to grind	moler
baker	el panadero
to knead	amasar
bakery	la panadería
barber	el peluquero
barbershop	la peluquería

210
tobacconist	el estanquero
tobacconist's	el estanco
rag-and-bone-man	el trapero
tailor	el sastre

tailor's	la sastrería
butcher	el carnicero
butcher's	la carnicería
milkman	el lechero
dairy	la lechería
glazier	el vidriero

211

bricklayer	el albañil
stationer	el papelero
stationer's shop	la papelería
upholsterer	el tapicero
photographer	el fotógrafo
blacksmith	el herrero
horseshoe	la herradura
to shoe (horses)	herrar
shepherd	el pastor
cowboy	el vaquero

212

farm	la finca, la granja
to lease	arrendar
country estate	la hacienda
courtyard	el patio
well	el pozo
stable	la cuadra, el establo
hayfork	la horca
straw	la paja
hay	el heno
grain	el grano

213

agriculture	la agricultura
agricultural	agrícola
rustic	campestre
countryside	el campo

peasant	el campesino
farmer	el agricultor, el granjero
to cultivate	cultivar
cultivation	el cultivo
tillage	la labranza
to plough	arar

214

plough	el arado
furrow	el surco
fertiliser	el abono
to fertilise (*crop*)	abonar
fertile	fértil
barren	estéril
dry	arido
to sow	sembrar
seed	la semilla, la simiente
sowing	la siembra

215

to scatter	esparcir
to germinate	germinar
to mow	segar
reaper	el segador
reaping machine	la segadora
combine harvester	la cosechadora
sickle	la hoz
scythe	la guadaña
to harvest	cosechar
harvest	la cosecha

216

rake	el rastrillo
to rake	rastrillar
spade	la pala
to dig	cavar

hoe	la azada
meadow	el prado
silage	el ensilaje
wheat	el trigo
oats	la avena
barley	la cebada
ear (*of wheat*)	la espiga

217

maize	la maíz
rice	el arroz
alfalfa	la alfalfa
pile	el montón
to pile up	amontonar
tractor	el tractor
harrow	la rastra
baler	la empacadora
rotovator	el motocultor
milking machine	la ordeñadora

218

to milk	ordeñar
stockbreeder	el ganadero
stockbreeding	la ganadería
fodder, feed	el pienso
to irrigate	regar
greenhouse	el invernadero
subsidy	el subsidio
grape harvest	la vendimia
grape picker	el vendimiador

219

commerce	el comercio
firm	la firma, la casa de comercio
branch	la sucursal
export	la exportación

import	la importación
company	la sociedad, la compañia
partner	el socio
to associate	asociar
businessman	el comerciante, el negociante
business	el negocio

220

subject	el asunto
to offer	ofrecer
offer	la oferta
demand	la demanda
account	la cuenta
current account	la cuenta corriente
to settle	arreglar
order	el pedido
to cancel	anular
on credit	a crédito

221

by instalments	a plazos
for cash	al contado
market	el mercado
deposit	el depósito
goods	la mercancía, los géneros
bargain	la ganga
second-hand	de ocasión
cheap	barato
expensive	caro
to bargain, haggle	regatear

222

packaging	el embalaje
to pack up	embalar
to unpack	desembalar
to wrap	envolver

to unwrap	desenvolver
transport	el transporte
to transport	transportar
carriage	el porte
portable	portátil
delivery	la entrega

223

to deliver	entregar
to dispatch	despachar
office	la oficina
manager	el gerente *m*, la gerente *f*
accountant	el contable
clerk	el dependiente
to employ	emplear
employee	el empleado
employment	el empleo

224

employer	el empleador
unemployment	el desempleo, el paro
unemployed	desempleado, parado
chief	el jefe
typewriter	la máquina de escribir
typist	el mecanógrafo *m*, la mecanógrafa *f*
typing	la mecanografía
shorthand	la taquigrafía
shorthand typist	el taquimecanógrafo *m*, la taquimecanógrafa *f*
audiotypist	el audiomecanógrafo *m*, la audiomecanógrafa *f*

225

director	el director, la director
managing director	el director gerente
board of directors	la junta directiva

shareholder	el accionista
dividend	el dividendo
takeover	la adquisición
to list (*shares*)	cotizar
asset	el activo
liability	el pasivo
contract	el contrato

226
purchase	la compra
to buy	comprar
to sell	vender
sale	la venta
buyer	el comprador
seller	el vendedor
wholesale	(al) por mayor
retail	(al) por menor
auction	la subasta
to bid	pujar

227
to auction	subastar
client	el cliente
clientele	la clientela
catalogue	el catálogo
price	el precio
quantity	la cantidad
gross	bruto
net	neto
to cost	costar
cost	el coste, el costo

228
free of charge	gratuito
to pay	pagar
wages	el sueldo, la paga

salary	el salario
payment	el pago
in advance	adelantado
invoice	la factura
checkout	la caja
cashier	el cajero *m*, la cajera *f*
accounts	la contabilidad

229

balance sheet	el balance general
income	los ingresos
expenditure	los gastos
to spend	gastar
to acknowledge receipt	acusar recibo
to receive	recibir
reception	el recibimiento
profit	la ganancia, el beneficio
loss	la pérdida
loan	el préstamo

230

to borrow	pedir prestado
to lend	prestar
to prepare	preparar, aprestar
to obtain	lograr
creditor	el acreedor
debt	la deuda
debtor	el deudor
to get into debt	endeudarse
to be in debt	estar en deuda
bankruptcy	la quiebra

231

to go bankrupt	quebrar
bankruptcy	la quiebra
banking	la banca

bank	el banco
banknote	el billete de banco
banker	el banquero
bankbook	la libreta de ahorros
bankcard	la tarjeta de crédito
bank account	la cuenta bancaria
savings bank	la caja de ahorros

232

to save (*money*)	economizar, ahorrar
capital	el capital
interest	el interés
income	la renta
stock exchange	la bolsa
share	la acción
shareholder	el accionista
exchange	el cambio
rate	el tipo
to exchange	cambiar

233

to be worth	valer
value	el valor
to value	valuar
discount	el descuento
to deduct	rebajar
to cash a cheque	cobrar un cheque
payable on sight	pagadero a la vista
signature	la firma
to sign	firmar
draft	el giro

234

postal order	el giro postal
to fall due	vencer
due	vencido

date	la fecha
to date	fechar
to inform	avisar
warning	el aviso
coin	la moneda
money	el dinero
mint	la casa de la moneda

235

post office	el correos
mail	el correo
by return of post	a vuelta de correo
postcard	la tarjeta (postal)
letter	la carta
postman	el cartero
letterbox	el buzón
collection	la recogida
to collect	recoger
delivery	el reparto

236

to distribute	distribuir
envelope	el sobre
postage	el franqueo
to frank	franquear
to seal	sellar
stamp	el sello
postmark	el matasellos
to stamp	timbrar
to pack	empaquetar
to unpack	desempaquetar

237

to register	certificar
to forward	expedir
sender	el remitente

addressee	el destinario
unknown	desconocido
to send	enviar
price list	la tarifa
courier	el mensajero
air mail	el correo aéreo
by airmail	por avión

238

pound sterling	la libra esterlina
franc	el franco
mark	el marco
dollar	el dólar
penny	el penique
shilling	el chelín
ingot	el lingote
foreign currencies	las divisas
speculation	la especulación
speculator	el especulador

239

wealthy	adinerado
wealth	la riqueza, el caudal
rich	rico
to get rich	enriquecerse
to acquire	adquirir
to possess	poseer
fortune	la fortuna
fortunate	afortunado
poverty	la pobreza
poor	pobre
necessity	la necesidad, el menester

240

to need	necesitar
misery	la miseria

miserable	miserable
beggar	el mendigo
to beg	mendigar
homeless	sin techo
squatter	el ocupa *m*, la ocupa *f*
eviction	el desalojo
malnourished	desnutrido
disadvantaged	desfavorecido

241

industry	la industria
industrialist	el industrial
manufacture	la manufactura, la fabricación
to manufacture	fabricar
factory	la fábrica
manufacturer	el fabricante
trademark	la marca (de fábrica)
machine	la máquina
machinery	la maquinaria
to undertake	emprender

242

enterprise	la empresa
expert	el perito
skill	la pericia
skilful	diestro, hábil
ability	la habilidad
clumsy	torpe
to keep busy	occuparse
busy	ocupado
lazy	perezoso
strike	la huelga

243

striker	el huelguista
lock-out	el cierre patronal

blackleg	el rompehuelgas
picket	el piquete
to go on strike	hacer huelga
trade union	el sindicato
trade unionist	el sindicalista *m*, la sindicalista *f*
trade unionism	el sindicalismo
minimum wage	el salario mínimo
market economy	la economía de mercado

244

government	el gobierno
to govern	gobernar
politics	la política
political	político
politician	el político
socialist	socialista
conservative	conservador
liberal	liberal
fascist	fascista
communist	comunista

245

monarchy	la monarquía
monarch	el monarca
king	el rey
queen	la reina
viceroy	el virrey
to reign	reinar
royal	real
crown	la corona
to crown	coronar
throne	el trono

246

| court | la corte |
| courtier | el cortesano |

chancellor	el canciller
rank	el rango
prince	el príncipe
princess	la princesa
title	el título
subject	el súbdito
emperor	el emperador
empress	la emperatriz

247

revolution	la revolución
guillotine	la guillotina
to guillotine	guillotinar
counterrevolution	la contrarrevolución
aristocracy	la aristocracia
aristocrat	el aristócrata *m*, la aristócrata
confiscate	confiscar
confiscation	la confiscación
secular	secular
secularisation	la secularización

248

republic	la república
republican	republicano
president	el presidente
embassy	la embajada
ambassador	el embajador
consul	el cónsul
consulate	el consulado
state	el estado
city state	la ciudad estado
councillor	el consejero

249

council	el consejo
to advise	aconsejar

to administer	administrar
minister	el ministro
ministry	el ministerio
cabinet	el gabinete
deputy	el diputado
parliament	el parlamento, las cortes (*Spain*)
senate	el senado
senator	el senador

250

session	la sesión
to deliberate	deliberar
dialogue	el diálógo
discuss	discutir
adopt	adoptar
decree	el decreto
to decree	decretar
to proclaim	proclamar
election	la elección
referendum	el referéndum

251

to elect	elegir
to vote	votar
vote	el voto
town council	el ayuntamiento
mayor	el alcalde
bailiff	el alguacil
justice	la justicia
just	justo
unjust	injusto
judge	el juez

252

to judge	juzgar
court	el juzgado

judgment	el juicio
injury	el perjuicio
to protect	proteger
law	la ley
legal	legal
illegal	ilegal
to bequeath	legar
beneficiary	el beneficiario

253

to make a will	testar
will	el testamento
heir	el heredero
heiress	la heredera
to inherit	heredar
inheritance	la herencia
tribunal	el tribunal
to summons	citar, emplazar
summons	la citación
appointment	la cita

254

trial	el proceso
lawsuit	el pleito
lawyer	el abogado
to advocate	abogar
to swear	jurar
oath	el juramento
witness	un testigo
to bear witness	atestiguar
testimony	el testimonio
evidence	las pruebas

255

to infringe	infringir, transgredir
indictment	la acusación

to plead	alegar
to accuse	acusar
accused	el acusado, el reo
plaintiff	el demandante
defendant	el demandado
to sue	demandar
fault	la culpa
jury	el jurado

256
crime	el crimen
murderer	el asesino
to murder	asesinar
murder	el asesinato
to kill	matar
suicide	el suicidio (*act*), el suicida (*person*)
to commit	cometer
offence	el delito
thief	el ladrón
bandit	el bandido

257
theft	el robo
to steal	robar
traitor	el traidor
treason	la traición
fraud	el fraude
bigamy	la bigamía
bigamist	el bígamo
assault	la agresión, el asalto
blackmail	el chantaje
to blackmail	chantajear

258
rape	la violación
rapist	el violador

guilty	culpable
innocent	inocente
defence	la defensa
to defend	defender
to prohibit	prohibir
acquittal	la absolución
to acquit	absolver

259

sentence	el dictamen, la sentencia
to sentence	sentenciar, fallar
verdict	el fallo
fine	la multa
conviction	la condena
to condemn	condenar
prison	la cárcel, la prisión
to imprison	encarcelar
prisoner	el preso, el prisionero
to arrest	detener

260

capital punishment	la pena de muerte
executioner	el verdugo
gallows	la horca
firing squad	el pelotón de fusilamiento
electric chair	la silla eléctrica
pardon	el indulto
remission	la remisión
parole	la libertad condicional
false imprisonment	la detención ilegal
self-defence	la defensa propia

261

army	el ejército
to drill	ejercitar
military	militar

soldier	el soldado
conscription	la conscripción
conscript	el quinto
conscientious objector	el objetor de conciencia
recruit	el recluta
flag	la bandera
troops	la tropa

262

officer	el oficial
sergeant	el sargento
corporal	el cabo
rank	el grado
general	el general
colonel	el coronel
captain	el capitán
lieutenant	el teniente
discipline	la disciplina
order	la orden

263

disorder	el desorden
infantry	la infantería
cavalry	la caballería
artillery	la artillería
cannon	el cañón
grenade	la granada
to explode	estallar
gunpowder	la pólvora
ammunition	las municiones
bomb	la bomba

264

to shell	bombardear
bombardment	el bombardeo
guard, watch	la guardia

sentry	el centinela
garrison	la guarnición
barracks	el cuartel
regiment	el regimiento
detachment	el destacamento
reinforcement	el refuerzo
battalion	el batallón

265

to equip	equipar
equipment	el equipaje
uniform	el uniforme
flak jacket	el chaleco antibala
firearm	el arma *f* de fuego
to arm	armar
to disarm	desarmar
to load	cargar
to unload	descargar
to shoot	fusilar

266

shot	el disparo
bullet	la bala
bulletproof	antibalas
cartridge	el cartucho
revolver	el revólver
bayonet	la bayoneta
dagger	el puñal
tank	el tanque
armoured car	el coche blindado
barbed wire	el alambre de púas

267

cold war	la guerra fría
superpower	la superpotencia
rocket	el cohete

nuclear warhead	la ojiva nuclear
blockade	el bloqueo
holocaust	el holocausto
friendly fire	el fuego amigo
ceasefire	el alto el fuego
disarmament	el desarme
pacifism	el pacifismo

268

war	la guerra
warlike	guerrero
warrior	el guerrero
guerrilla	el guerrillero
guerrilla warfare	la guerrilla
campaign	la campaña
siege	el sitio
to besiege	sitiar
fort	el fuerte
spy	un espía

269

attack	el ataque
to attack	atacar
assault	asaltar
ambush	la emboscada
to surrender	rendirse
surrender	la rendición
encounter	el encuentro
to meet	encontrar
fight	el combate
to fight	combatir, pelear

270

combatant	el combatiente
exploit	la hazaña
battlefield	el campo de batalla

trench	la trinchera
to repel	rechazar
retreat	la retirada
flight	la fuga, la huida
to flee	huir
defeat	la derrota
to defeat	derrotar

271

to pursue	perseguir
pursuit	el perseguimiento
to conquer	vencer
victor	el vencedor
vanquished	el vencido
armistice	el armisticio
treaty	el tratado
peace	la paz
captivity	el cautiverio
to escape	escaparse

272

to encamp	acampar
encampment	el campamento
to manoeuvre	maniobrar
manoeuvre	la maniobra
wounded	herido
hero	el héroe
heroine	la heroína
medal	la medalla
pension	la pensión
war memorial	el monumento a los caídos

273

navy	la marina
sailor	el marino, el marinero
admiral	el almirante

squadron	la escuadra
fleet	la flota, la armada
to float	flotar
to sail	navegar
navigator	el navegante
warship	el buque de guerra
battleship	el acorazado

274

aircraft carrier	el portaaviones
fighter plane	el avión de caza
destroyer	el destructor
minesweeper	el dragaminas
submarine	el submarino
aerodrome	el aeródrome
spotter plane	el avión observador
air raid	el ataque aéreo
to bomb	bombardear
parachute	el paracaídas

275

parachutist	el paracaidista
surface to air missile	el misil tierra-aire
helicopter	el helicóptero
to bring down	derribar
anti-aircraft gun	el cañón antiaéreo
bomb shelter	el refugio antiaéreo
bomb disposal	la neutralización de bombas
bomber (*plane*)	el bombardero
to explode	explotar
explosion	la explosión

276

religion	la religión
religious	religioso
God	Dios

god	el dios
goddess	la diosa
monk	el fraile
nun	la monja
divine	divino
omnipotent	omnipotente
saviour	el salvador

277

safe	salvo
pagan	pagano
Christianity	el cristianismo
Christian	cristiano
catholic	católico
Catholicism	el catolicismo
Protestantism	el protestantismo
protestant	protestante
Calvinism	el calvinismo
Calvinist	calvinista

278

Presbyterian	presbiteriano
Mormonism	el mormonismo
Mormon	mormón
Bible	la biblia
Koran	el Corán
Islam	el Islam
Muslim	mahometano
Hindu	hindú
Hinduism	el hinduismo
Buddhist	budista

279

Buddhism	el budismo
Jewish	judío
Judaism	el judaísmo

Rastafarian	rastafariano
scientology	la cientología
scientologist	cientólogo
to convert	convertir
sect	la secta
animism	el animismo
voodoo	el vudú

280

witch doctor	el hechicero
atheist	ateo
atheism	el ateísmo
agnostic	agnóstico
agnosticism	el agnosticismo
heretic	el hereje
heresy	la herejía
fundamentalist	fundamentalista
fundamentalism	el fundamentalismo
to believe	creer

281

believer	el creyente
belief	la creencia
faith	la fe
church	la iglesia
chapel	la capilla
chalice	el cáliz
altar	el altar
mass	la misa
blessing	la bendición
to bless	bendecir

282

to curse	maldecir
clergy	el clero
clergyman	el clérigo

to preach	predicar
preacher	el predicador
sermon	el sermón
apostle	el apóstol
angel	el ángel
holy	santo
saint	el santo *m*, la santa *f*

283

blessed	beato
sacred	sagrado
devil	el diablo
devilish	diabólico
cult	el culto
solemn	solemne
prayer	el rezo
to pray	rezar
devout	devoto
fervent	fervoroso

284

sin	el pecado
to sin	pecar
sinner	el pecador
repentant	penitente
to baptise	bautizar
pope	el papa
cardinal	el cardenal
bishop	el obispo
archbishop	el arzobispo
priest	el cura, el sacerdote

285

parish	la parroquia
abbot	el abad
abbess	la abadesa

abbey	la abadía
convent	el convento
monastery	el monasterio
minister	el pastor
pilgrim	el peregrino
pilgrimage	la peregrinación
to celebrate	celebrar

The Intellect and Emotions
El Intelecto y Las Emociones

286

mind	la mente, el ánimo
thought	el pensamiento
to think of	pensar en
to meditate	meditar
to remember	acordarse de
to agree with	acordarse con
agreement	el acuerdo
soul	el alma *f*
to occur, come to mind	ocurrirse
recollection	el recuerdo

287

renown	la buena fama
to perceive	percibir
to understand	entender
understanding	el entendimiento
intelligence	la inteligencia
intelligent	inteligente
clever	listo
stupid	estúpido
stupidity	la estúpidez
worthy	digno

288

unworthy	indigno
reason	la razón
reasonable	razonable
unreasonable	desrazonable
to reason	razonar
to discuss	discutir
to convince	convencer
opinion	la opinión
to affirm	afirmar
to deny	negar

289

certainty	la certeza, la certidumbre
certain	cierto
uncertain	incierto
sure	seguro
unsure	inseguro
security	la seguridad
to risk	arriesgar
doubt	la duda
doubtful	dudoso
mistake	la equivocación

290

to make a mistake	equivocarse
suspicion	la sospecha
to suspect	sospechar
suspicious	sospechoso
desire	el deseo
to desire	desear
to grant	conceder
will	la voluntad
to decide	decidir
undecided	indeciso

291

to hesitate	vacilar
capable	capaz
incapable	incapaz
capability	la capacidad
talent	el talento
disposition, temper	el genio
character	el carácter
to rejoice	alegrarse
cheerfulness	la alegría
happiness	la felicidad

292

cheerful	alegre
sad	triste
sadness	la tristeza
to grieve	afligir
enjoyment	el goce
happy	feliz, dichoso
unhappy	infeliz
unfortunate	desdichado
contented	contento
discontented	descontento

293

discontent	el disgusto
displeased	disgustado
pleasure	el placer
to please	agradar
to displease	desagradar
pain	la pena
painful	penoso
sigh	el suspiro
to sigh	suspirar
to complain	quejarse

294

complaint	la queja
to protest	protestar
depressed	abatido
to despair	desesperar
despair	la desesperación
hope	la esperanza
to hope	esperar, aguardar
expectation	la espera
consolation	el consuelo
to comfort	confortar

295

consoling	consolador
calm	la calma
calm	calmoso
restless	inquieto
anxiety	la inquietud
fear	el miedo
to fear	temer
to be afraid	tener miedo
to frighten	asustar
to be frightened	asustarse

296

terror	el terror
to terrify	aterrar, aterrorizar
frightful	espantoso
to astonish	asombrar
astonishment	el asombro
to encourage	animar
to discourage	desanimar
conscience	la conciencia
scruple	el escrúpulo
remorse	el remordimiento

297

repentance	el arrepentimiento
to repent	arrepentirse
to regret, feel	sentir
sentiment	el sentimiento
consent	el consentimiento
to consent	consentir
mercy	la misericordia
charitable	caritativo
pity	la lástima
piety	la piedad

298

impiety	la impiedad
friendly	simpático
unfriendly	antipático
favour	el favor
to favour	favorecer
favourable	favorable
unfavourable	desfavorable
confidence	la confianza
trustful	confiado
mistrustful	desconfiado

299

to trust	confiar (en)
friendship	la amistad
friendly	amistoso
kind	amable
friend	el amigo
enemy	el enemigo
hatred	el odio
to hate	odiar
hateful	odioso
contempt	el desdén, el desprecio

300

to despise	despreciar
to get angry	enfadarse
quarrel	la riña
to quarrel	reñir
to reconcile	reconciliar
quality	la cualidad
virtue	la virtud
virtuous	virtuoso
vice	el vicio
vicious	vicioso

301

addicted	adicto
defect	el defecto
fault	la falta
to lack; to fail	faltar
custom	la costumbre
to be necessary	hacer falta
to become accustomed	acostumbrarse
habit	el hábito
to boast about	jactarse de
moderate	moderado

302

goodness	la bondad
kind	bondadoso
wickedness	la maldad
gratitude	el agradecimiento
ungrateful	ingrato
ingratitude	la ingratitud
grateful	agradecido
ungrateful	desagradecido
to thank	agradecer
thanks, thank you	gracias

303

honesty	la honradez
honourable	honrado, honorable
to honour	honrar
to dishonour	deshonrar
honour	la honra, el honor
dishonour	la deshonra, el deshonor
honest	honesto
dishonest	deshonesto

304

modesty	el pudor
shame	la vergüenza
shameful	vergonzoso
to be ashamed	avergonzarse
audacity	la audacia
audacious	audaz
daring	atrevido
boldness	el atrevimiento
fearless	intrépido
to dare	osar

305

reckless	temerario
timid	tímido
timidity	la timidez
rude	grosero
rudeness	la grosería
courtesy	la cortesía
polite	cortés
impolite	descortés
villain	el pícaro
envy	la envidia

306

loyal	leal

disloyal	desleal
generous	generoso
generosity	la generosidad
selfishness	el egoísmo
selfish	egoísta
egoist	el egoísta
greed	la avaricia
stingy	avaro
miser	el avaro

307

truth	la verdad
true	verdadero
to lie	mentir
liar	el mentiroso
lie	la mentira, el embuste
hypocritical	hipócrita
hypocrite	el hipócrita
frank	franco
frankness	la franqueza
accuracy	la exactitud

308

inaccuracy	la inexactitud
punctuality	la puntualidad
faithfulness	la fidelidad
unfaithfulness	la infidelidad
faithful	fiel
unfaithful	infiel
coward	el cobarde
cowardice	la cobardía
anger	la ira, la cólera
offence	la ofensa

309

to offend	ofender, agraviar

to insult	insultar, injuriar
excuse	la excusa
to excuse	excusar
humble	humilde
humility	la humildad
pride	el orgullo
proud	orgulloso
vain	vanidoso
to be obstinate	obstinarse

310
obstinacy	la obstinación
whim	el capricho
sober	sobrio
sobriety	la sobriedad
sensual	sensual
sensuality	la sensualidad
hedonistic	hedonista
lust	la lujuria
revenge	la venganza
to revenge	vengar

311
vindictive	vengativo
jealous	celoso
temperamental	temperamental
affectionate	cariñoso
imaginative	imaginativo
extrovert	extrovertido
introvert	introvertido
demanding	exigente
sincere	sincero
sincerity	la sinceridad

312
optimistic	optimista

optimist	el optimista
pessimistic	pesimista
pessimist	el pesimista
perceptive	perceptivo
cautious	cauteloso
sensitive	sensible
sensitivity	la sensibilidad
sensible	sensato
common sense	el sentido común

Education and Learning
La Educación y Los Conocimientos

313

to educate	educar
educational	educacional
educationalist	el educationalista *m*, la educationalista *f*
adult education	la educación de adultos
mixed education	la educación mixta
primary school	la escuela primaria
to teach	enseñar
teacher	el profesor
tutor	el preceptor
college	el instituto, el colegio

314

university	la universidad
class	la clase
pupil	el alumno
boarder	el interno
day pupil	el externo
to study	estudiar
student	el estudiante

grant	la beca
scholarship holder	el becario
desk	el pupitre

315

blackboard	la pizarra
chalk	la tiza
pencil	el lápiz
ink	la tinta
pen	el bolígrafo, la pluma
ruler	la regla
line	la línea
exercise book	el cuaderno
to bind (*books*)	encuadernar
page	la página

316

to fold	plegar, doblar
sheet of paper	la hoja de papel
cover (*book*)	la cubierta
work	el trabajo
to work	trabajar
hard-working	trabajador
studious	aplicado
lesson	la lección
to learn	aprender
to forget	olvidar

317

forgetful	olvidadizo
forgetfulness	el olvido
absentminded	distraído
course	el curso
attention	la atención
to be attentive	atender
attentive	atento

inattentive	desatento
to explain	explicar
explanation	la explicación

318

task	la tarea
theme	el tema
thematic	temático
exercise	el ejercicio
to exercise	ejercer
practice	la práctica
to practise	practicar
easy	fácil
easiness	la facilidad
difficult	difícil

319

difficulty	la dificultad
progress	el progreso
homework	los deberes
must	deber
to owe	deber
examination	el examen
to sit an examination	presentarse a un examen
to pass an examination	aprobar un examen
to copy	copiar
to swot	empollar

320

to examine	examinar
examiner	el examinador
proof	la prueba
to try	probar
to blame	reprobar
blame	la reprobación
approve	aprobar

disapprove	desaprobar
mark	la nota
to note	anotar

321

annotation	la anotación
remarkable	notable
prize	el premio
to reward	premiar
to praise	elogiar
praise	el elogio, la alabanza
holidays	las vacaciones
vacancy	la vacante
conduct	la conducta
to behave	comportarse

322

effort	el esfuerzo
to endeavour	esforzarse
to try	procurar, intentar
obedience	la obediencia
disobedience	la desobediencia
obedient	obediente
disobedient	desobediente
to obey	obedecer
to disobey	desobedecer
laziness	la pereza

323

strict	severo
severity	la severidad
threat	la amenaza
to threaten	amenazar
punishment	el castigo
to punish	castigar
to deserve	merecer

grammar	la gramática
to indicate	indicar
indication	la indicación

324

to point out	señalar
spelling	la ortografía
to spell	deletrear
full stop	el punto
colon	los dos puntos
semicolon	el punto y coma
comma	la coma
question mark	el signo de interrogación
exclamation mark	el signo de admiración
to note down	apuntar

325

to ask (*question*)	preguntar
to ask for	pedir
to answer	contestar
answer	la contestación
to admire	admirar
admiration	la admiración
to exclaim	exclamar
article	el artículo
noun	el sustantivo
to name	nombrar

326

appointment	el nombramiento
to call	llamar
to be called	llamarse
reference	la referencia
to relate to	referirse a
fixed	fijo
to fix	fijar

to join	juntar
together	junto con
join	la juntura

327

to correspond	corresponder
correspondence	la correspondencia
sentence	la frase
language	el idioma
idiomatic	idiomático
idiom	el modismo
speech	el habla
talkative	hablador
voice	la voz
word	la palabra

328

to express	exprimir
expressive	expresivo
vocabulary	el vocabulario
dictionary	el diccionario
letter	la letra
speech	el discurso
lecture	la conferencia
lecturer	el conferenciante
orator	el orador
eloquence	la elocuencia

329

eloquent	elocuente
elocution	la elocución
to converse	conversar
conversation	la conversación
to understand	comprender
to pronounce	pronunciar
to correct	corregir

example	el ejemplo
meaning	la significación
to mean	significar, querer decir

330

translation	la traducción
to translate	traducir
translator	el traductor
interpreter	el intérprete
to interpret	interpretar
interpretative	interpretativo
interpretation	la interpretación
to imagine	imaginar
imagination	la imaginación

331

idea	la idea
essay	el ensayo, la composición
essayist	el ensayista
thesis	la tesis
doctorate	el doctorado
to develop	desarrollar
to roll up	arrollar
roll	el rollo
object	el objeto
describe	describir

332

description	la descripción
fable	la fábula
drama	el drama
comedy	la comedia
comical	cómico
chapter	el capítulo
to interest	interesar
interesting	interesante

attractive	atractivo
to attract	atraer

333

to publish	publicar, editar
to print	imprimir
printer	el impresor
printing	la impresión
newspaper	el periódico, el diario
journalist	el periodista
magazine	la revista
news	las noticias
to announce	anunciar
advertisement	el anuncio

334

history	la historia
historian	el historiador
the Stone Age	la Edad de Piedra
the Bronze Age	la Edad de Bronce
the Iron Age	la Edad de Hierro
the Dark Ages	las Edades bárbaras
the Middle Ages	la Edad Media
archaeology	la arqueología
archaeologist	el arqueólogo
to excavate	excavar

335

carbon dating	la datación por la carbono catorce
event	el suceso
to happen	suceder, acontecer
to civilise	civilizar
civilisation	la civilización
knight	el caballero
chivalry	la caballerosidad
explorer	el explorador

to explore	explorar
discovery	el descubrimiento

336

to discover	descubrir
pirate	el pirata
piracy	la piratería
treasure	el tesoro
conquest	la conquista
conqueror	el conquistador
to conquer	conquistar
empire	el imperio
imperial	imperial
slave	el esclavo

337

emancipation	la emancipación
to emancipate	emancipar
destiny	el destino
to destine	destinar
power	el poder, la potencia
powerful	poderoso
to be able, can	poder
slavery	la esclavitud
to free	liberar
reformation	la reforma

338

liberator	el libertador
nationalism	el nacionalismo
nationalist	el nacionalista
alliance	la alianza
to ally	aliar
ally	el aliado
to enlarge	ampliar
increase	el aumento

to increase	aumentar
to diminish	disminuir

339

decline	la decadencia
to decay	to decline
renowned	célebre
to disturb	turbar
to emigrate	emigrar
emigrant	el emigrante
rebel	el rebelde
rebellion	la rebelión
rising	la sublevación
independence	la independencia

340

geography	la geografía
map	el mapa
North Pole	el Polo Norte
South Pole	el Polo Sur
north	el norte
south	el sur
east	el este
west	el oeste
compass	la brújula
magnetic north	el polo magnético

341

distant	lejano
distance	la distancia
near	cercano
to approach	acercarse
neighbour	el vecino
to determine	determinar
limit	el límite
region	la región, la comarca

| country | el país |
| compatriot | el paisano |

342
citizen	el ciudadano
city	la ciudad
population	la población
to people	poblar
populous	poblado
village	el pueblo, la aldea
people	la gente; el pueblo
province	la provincia
provincial	provincial, provinciano
place	el lugar

Places   *Los Lugares*

343
Africa	el África
African	africano
North America	la América del Norte
North American	norteamericano
South America	Sudamérica, la América del Sur
South American	sudamericano
Central America	Centroamérica, la América Central
Central American	centroamericano
Australia	Australia
Australian	australiano

344
Europe	Europa
European	europeo
Arctic	el Ártico
Antarctica	la Antártida
Oceania	la Oceanía

Oceanian	oceánico
Asia	Asia
Asian	asiáticio
New Zealand	Nueva Zelanda
New Zealander	neozelandés

345

Spain	España
Spanish	español
Germany	Alemania
German	alemán
Italy	Italia
Italian	italiano
Greece	Grecia
Greek	griego
Russia	Rusia
Russian	ruso

346

Switzerland	Suiza
Swiss	suizo
Holland	Holanda
Dutch	holandés
Portugal	Portugal
Portuguese	portugués
Belgium	Bélgica
Belgian	belga
Great Britain	La Gran Bretaña
British Isles	las Islas Británicas

347

United Kingdom	el Reino Unido
British	británico
England	Inglaterra
English	inglés
Scotland	Escocia

Scottish	Escocés
Wales	Gales
Welsh	galés
Northern Ireland	Irlanda del Norte
Northern Irish	norirlandés

348
Ireland	Irlanda
Irish	irlandés
France	Francia
French	francés
Austria	Austria
Austrian	austriaco
Scandinavia	Escandinavia
Scandinavian	escandinavo
Iceland	Islandia
Icelandic	islandés

349
Greenland	Groenlandia
Greenlander	groenlandés
Sweden	Suecia
Swedish	sueco
Norway	Noruega
Norwegian	noruego
Finland	Finlandia
Finnish	finlandés
Denmark	Dinamarca
Danish	danés

350
Bavaria	Baviera
Bavarian	bávaro
Saxony	Sajonia
Saxon	sajón
Alsace	Alsacia

Alsatian	alsaciano
Lorraine	Lorena
Dordogne	Dordoña
Auvergne	Auvernia
Provence	Provenza

351
(*adjectival forms given with the city names below describe both the city and its inhabitants, eg* el londinense: the Londoner)

London	Londres
London *adj*	londinense
Paris	París
Parisian	parisiense
Madrid	Madrid
Madrid *adj*	madrileño
Edinburgh	Edinburgo
The Hague	La Haya

352

Toulouse	Tolosa
Milan	Milano
Lisbon	Lisboa
Lisbon *adj*	lisbonense
Bordeaux	Burdeos
Bordeaux *adj*	bordelés
Lyons	Lión
Lyons *adj*	lionés
Marseilles	Marsella
Marseilles *adj*	marsellés

353

Rome	Roma
Roman	romano
Venice	Venecia
Venetian	veneciano

Naples	Nápoles
Neapolitan	napolitano
Florence	Florencia
Florentine	florentino
Turin	Turín
Cologne	Colonia

354
Hamburg	Hamburgo
Hanover	Hanovre
Basle	Basilea
Vienna	Viena
Viennese	vienés
Antwerp	Amberes
Berlin	Berlín
Berlin *adj*	berlinés
Geneva	Ginebra
Geneva *adj*	ginebrino

355
Athens	Atenas
Brussels	Bruselas
Strasbourg	Estrasburgo
Bruges	Brujas
Moscow	Moscú
Muscovite	moscovita
St Petersburg	San Petersburgo
Warsaw	Varsovia
Prague	Praga
Budapest	Budapest

356
Stockholm	Estocolmo
Oslo	Oslo
Copenhagen	Copenhague
New York	Nueva York

New York *adj*	neoyorquino
Havana	La Habana
Cairo	el Cairo
Capetown	Ciudad del Cabo
Beijing	Pekín
Mexico City	Ciudad de México

357

Poland	Polonia
Polish	polaco
Czech Republic	la República Checa
Czech	checo
Slovakia	Eslovaquia
Slovak	eslovaco
Slovenia	Eslovenia
Slovene	esloveno
Croatia	Croacia
Croatian	croata

358

Hungary	Hungría
Hungarian	húngaro
Bosnia	Bosnia
Bosnian	bosnio
Serbia	Serbia
Serbian	serbio
Albania	Albania
Albanian	albanés
Romania	Rumania
Romanian	rumano

359

Bulgaria	Bulgaria
Bulgarian	búlgaro
Macedonia	Macedonia
Macedonian	macedónico

Moldova	Moldavia
Moldovan	moldavo
Belarus	Bielorrusia
Belorussian	bielorruso
Ukraine	Ucrania
Ukrainian	ucranio

360
Estonia	Estonia
Estonian	estonio
Latvia	Latvia
Latvian	latvio
Lithuania	Lituania
Lithuanian	lituano
Armenia	Armenia
Armenian	armenio
Azerbaijan	Azerbaiyán
Azerbaijani	Azerbaiyaní

361
Georgia	Georgia
Georgian	georgiano
Siberia	Siberia
Siberian	siberiano
Turkey	Turquía
Turkish	turco
Arabia	Arabia
Arab	árabe
Morocco	Marruecos
Moroccan	marroquí

362
Egypt	Egipto
Egyptian	egipcio
China	China
Chinese	chino

India	La India
Indian	indio
Japan	El Japón
Japanese	japonés
Ghana	Ghana
Ghanaian	ghaneano

363

Algeria	Argelia
Algerian	argelino
Tunisia	Túnez
Tunisian	tunecino
South Africa	Sudáfrica
South African	sudafricano
Israel	Israel
Israeli	israelí
Palestine	Palestina
Palestinian	palestino

364

Castile	Castilla
Castilian	castellano
Andalusia	Andalucía
Andalusian	andaluz
Catalonia	Cataluña
Catalan	catalán
Galicia	Galicia
Galician	gallego
Basque Country	El País Vasco
Basque	vasco

365

United States	Los Estados Unidos
North American	estadounidense
Canada	El Canadá
Canadian	canadiense

Mexico	México
Mexican	mexicano
Colombia	Colombia
Colombian	colombiano
Peru	El Perú
Peruvian	peruano

366

Brazil	El Brasil
Brazilian	brasileño
Chile	Chile
Chilean	chileno
Argentina	Argentina
Argentinian	argentino
Uruguay	El Uruguay
Uruguayan	uruguayo
Bolivia	Bolivia
Bolivian	boliviano

367

Pyrenees	Los Pirineos
Alps	Los Alpes
Atlas Mountains	los Atlas
Dolomites	las Dolomitas
Carpathians	los Montes Cárpatos
Andes	Los Andes
Himalayas	el Himalaya
Mont Blanc	el Monte Blanco
Table Mountain	El Monte de la Mesa
Everest	el Everest

368

Amazon	el Amazonas
Nile	el Nilo
Rhine	el Rin
Rhône	el Ródano

Tagus	el Tajo
Danube	el Danubio
Thames	el Támesis
Seine	el Sena
Loire	el Loira
Ebro	el Ebro

369

Atlantic	el Atlántico
Pacific	el Pacífico
Arctic Ocean	el Océano Glacial Ártico
Indian Ocean	el Océano Índico
Antarctic Ocean	el Océano Antártico
Mediterranean	el Mediterráneo
North Sea	el Mar del Norte
Black Sea	el Mar Negro
Red Sea	el Mar Rojo
Caribbean	el Mar Caribe

370

Baltic Sea	el Mar Báltico
English Channel	La Mancha
Bay of Biscay	el Golfo de Vizcaya
West Indies	las Antillas
Canaries	Las Canarias
The Philippines	las Filipinas
Balearic Islands	las Islas Baleares
Sicily	Sicilia
Sardinia	Cerdeña
Corsica	Córcega

371

Corsican	corso
Rhodes	Rodas
Crete	Creta
Cretan	cretense

131

Cyprus	Chipre
Cypriot	chipriota
Dardanelles	los Dardanelos
Bosphorus	el Bósforo
Scilly Isles	las Sorlingas
Falkland Islands	las Malvinas

Science · *La Ciencia*

374

weights	las pesas
weight	el peso
to weigh	pesar
heavy	pesado
light	ligero
scales	la balanza
to measure	medir
measure	la medida
to compare	comparar
comparison	la comparación

373

to contain	contener
contents	el contenido
metric system	el sistema métrico
metre	el metro
centimetre	el centímetro
millimetre	el milímetro
gram	el gramo
kilogram	el kilogramo
litre	el litro
hectare	la hectárea

374

kilometre	el kilómetro
ton	la tonelada

inch	la pulgada
foot	el pie
mile	la milla
arithmetic	la aritmética
mathematics	la matemática
to calculate	calcular
to count	contar
number	el número

375

figure	la cifra
zero	el cero
addition	la adición
to add	adicionar, sumar
subtraction	la sustracción
remainder	la resta
equal	igual
equality	la igualdad
to multiply	multiplicar
product	el producto

376

to produce	producir
producer	el productor
to divide	dividir, partir
part	la parte
fraction	la fracción
half	la mitad
third	el tercio
quarter	el cuarto
dozen	la docena
double	doble

377

triple	triple
geometry	la geometría

algebra	el álgebra
space	el espacio
spacious	espacioso
parallel	paralelo
perpendicular	perpendicular
horizontal	horizontal
horizon	el horizonte
right angle	el ángulo recto

378

triangle	el triángulo
square	el cuadrado
curved	curvo
straight	recto
circumference	la circunferencia
circle	el círculo
centre	el centro
diameter	el diámetro
problem	el problema
correct	correcto

379

incorrect	incorrecto
wrong	falso
simple	sencillo
to complicate	complicar
to demonstrate	demostrar
to solve	resolver
result	el resultado
to result	resultar
physics	la físca
physical	físico

380

matter	la materia
pressure	la presión

phenomenon	el fenómeno
strange	extraño
movement	el movimiento
to move	moverse
mobile	móvil
immobile	inmóvil
electric	eléctrico
electricity	la electricidad

381
mechanics	la mecánica
invent	inventar
optics	la óptica
optical	óptico
microscope	el microscopio
lens	el lente
to reflect	reflejar
reflection	la reflexión
chemistry	la química
chemical	químico

382
biology	la biología
biological	biológico
biologist	el biólogo
to research	investigar
researcher	el investigador
element	el elemento
oxygen	el oxígeno
hydrogen	el hidrógeno
atom	el átomo
nucleus	el núcleo

383
laboratory	el laboratorio
experiment	el experimento

mixture	la mezcla
mixed	mixto
to decompose	descomponer
to compose	componer
compound	compuesto
rare	raro
science	la ciencia
scientific	científico

384
scientist	el científico *m*, la científica *f*
knowledge	el conocimiento, el saber
to know (*something*)	saber
to know (*person*)	conocer
wisdom	la sabiduría
wise	sabio
sage	el sabio
to be ignorant of	ignorar
experience	la experiencia
inexperience	la inexperiencia

Communications   Las Communicaciones

385
telegraph	el telégrafo
telegram	el telegrama
to telegraph	telegrafiar
telex	el télex
telephone	el teléfono
to telephone	telefonear
telephonist	el telefonista *m*, la telefonista *f*
call	la llamada
receiver	el auricular
mouthpiece	el micrófono

386

telephone booth	la cabina telefónica
telephone exchange	la central telefónica
telephone directory	la guía telefónica
telephone subscriber	el abonado
answerphone	el contestador (automático)
to hang up	colgar
engaged	comunicando
to dial	marcar
radiotelephone	el radioteléfono
videophone	el videófono

387

fax	el fax, el telefax
to fax	faxear, mandar por fax
modem	el módem
electronic mail	el correo electrónico
information technology	la informática
microelectronics	la microelectrónica
screen	la pantalla
keyboard	el teclado
key	la tecla
mouse	el ratón

388

computer	la computadora, el ordenador
computer language	el lenguaje de ordenador
computer literate	competente en la informática
computer scientist	el informático *m*, la informática *f*
computer game	el vídeojuego
computer animation	la animación por ordenador
computer-aided design	el diseño asistido por ordenador
computerese	la jerga infórmatica

to computerise	computerizar, informatizar
computerisation	la computerización

389

to program	programar
programmer	el programador
systems analyst	el analista de sistemas
wordprocessor	el procesador de textos
memory	la memoria
disk drive	la unidad de disco
software	el software
hardware	el hardware
disk drive	la disquetera
cursor	el cursor

390

menu	el menú
to store	almacenar
file	el archivo
to file	archivar
data	los datos
database	la base de datos
desktop publishing	la edición electrónica
to lay out	componer
silicon	el silicio
silicon chip	la pastilla de silicio

391

user-friendly	fácil de usar
laser printer	la impresora láser
ink jet printer	la impresora de chorro de tinta
scanner	el analizador de léxico
circuit	el circuito
fibreoptics	la transmisión por fibra óptica
machine translation	la traducción automática
to network	interconectar

networking	la interconexión
information superhighway	la autopista informática

The Arts and Entertainment
Las Artes y La Diversión

392

painting	la pintura
painter	el pintor
to paint	pintar
picturesque	pintoresco
artist	el artista
museum	el museo
engraving	el grabado
to engrave	grabar
print	la estampa
background	el fondo

393

foreground	el primer plano
still life	el bodegón
drawing	el dibujo
to draw	dibujar
draughtsman	el dibujante
outline	el contorno
to imitate	imitar
imitation	la imitación
abstract	abstracto
innovative	innovativo

394

innovation	la innovación
resemblance	la semejanza
similar	semejante, parecido
forgery	la falsificación

forger	el falsificador *m*, la falsificadora *f*
auction	la subasta
to bid	pujar
lot	el lote
reserve price	el precio minímo
exhibition	la exposición

395

antique	la antigüedad
antique dealer	el anticuario
art dealer	un marchante de arte
palette	la paleta
brush	el pincel
easel	el caballete
colour	el color
to colour	colorear
coloured	colorado
dull	mate

396

multicoloured	multicolor
contrast	el contraste
to contrast	contrastar
white	blanco
black	negro
light blue	azul claro
dark green	verde oscuro
yellow	amarillo
brown	moreno
chestnut	castaño

397

pink	rosado
red	rojo
violet	violeta
mauve	morado

purple	purpúreo
gilt	dorado
to gild	dorar
grey	gris
patron	el mecenas
patronage	el mecenazgo

398

patronise	fomentar
oils	el óleo
watercolour	la acuarela
fresco	el fresco
triptych	el tríptico
cartoon	el cartón
the Renaissance	el Renacimiento
Renaissance art	el arte renacentista
crayon	el creyón
canvas	el lienzo

399

gallery	la galería
tone	el matiz
landscape	el paisaje
portrait	el retrato
portraitist	el retratista
miniature	la miniatura
miniaturist	el miniaturista
landscape painter	el paisajista
impressionism	el impresionismo
impressionist	el impresionista

400

surrealism	el surrealismo
surrealist	surrealista
cubism	el cubismo
cubist	cubista

symbol	el símbolo
to symbolise	simbolizar
symbolic	simbólico
sculpture	la escultura
sculptor	el escultor
workshop	el taller

401

to carve	tallar
model	el modelo
statue	la estatua
bust	el busto
group	el grupo
chisel	el cincel
cast	el vaciado
shape	la forma
to shape	formar
architecture	la arquitectura

402

architect	el arquitecto
vault	la bóveda
dome	la cúpula
pillar	el pilar
arch	el arco
tower	la torre
scaffolding	el andamio
arch	el arco
column	la columna
plinth	el zócalo

403

nave	la nave
cathedral	la catedral
cathedral city	la ciudad catedralicio
apse	el ábside

stained glass	el cristal de colores
transept	el crucero
flying buttress	el arbotante
font	la pila
crypt	la cripta
basilica	la basílica

404
Gothic	gótico
Romanesque	románico
Baroque	barroco
mosque	la mezquita
minaret	el alminar
synagogue	la sinagoga
pagoda	la pagoda
mausoleum	el mausoleo
pyramid	la pirámide
Sphinx	la esfinge

405
temple	el templo
Corinthian	corintio
Ionian	jónico
Doric	dórico
forum	el foro
amphitheatre	el anfiteatro
aqueduct	el acueducto
dolmen	el dolmen
menhir	el menhir
cave painting	la pintura rupestre

406
illiterate	analfabeto
literate	alfabetizado
oral culture	la cultura oral
ballad	el romance

saga	la saga
tradition	la tradición
story	la historia
storyteller	el cuentista
narrative	la narración
to learn by heart	aprender de memoria

407

literature	la literatura
papyrus	el papiro
parchment	el pergamino
alphabet	el alfabeto
character	el carácter
author	el autor
writer	el escritor
editor	el editor
edition	la edición
copyright	los derechos de reproducción

408

style	el estilo
reader	el lector *m*, la lectora *f*
biography	la biografía
biographer	el biógrafo *m*, la biógrafa
biographical	biográfico
autobiography	la autobiografía
autobiographical	autobiográfico
fiction	la ficción
fictional	ficticio
science fiction	la ciencia-ficción

409

novel	la novela
novelist	el novelista
publisher	la editorial
royalties	los derechos del autor

bookshop	la librería
bookseller	el librero
encyclopaedia	la enciclopedia
encyclopaedic	enciclopédico
paperback	el libro de bolsillo
poetry	la poesía

410

poet	el poeta *m*, la poeta *f*
poetic	poético
rhyme	la rima
to rhyme	rimar
metre	el metro
stanza	la estrofa
sonnet	el soneto
assonance	la asonancia
syllable	la sílaba
nursery rhyme	la canción infantil

411

fairy tale	el cuento de hada
Cinderella	Cenicienta
Red Riding Hood	Caperucita Roja
Snow White	Blancanieves
dwarf	el enano
goblin	el duende
gnome	el gnomo
elf	el geniecillo, el elfo
Sleeping Beauty	la Bella Durmiente
Snow Queen	Reina de las nieves

412

Puss in Boots	el gato con botas
Bluebeard	Barba Azul
witch	la bruja
wizard	el brujo

spell	el hechizo
to cast a spell	hechizar
magician	el mago
magic	la magia
magical	mágico
mermaid	la sirena

413

mythology	la mitologia
Homer	Homero
Homeric	homérico
Iliad	la Ilíada
Odyssey	la Odisea
Odysseus	Odiseo
Trojan	troyano
Trojan horse	el caballo de Troya
Achilles	Aquiles
Achilles' heel	el talón de Aquiles

414

Cyclops	el cíclope
Atlantis	la Atlántida
Romulus	Rómulo
Hercules	Hércules
Herculean	hercúleo
The Arabian Nights	Las mil y una noches
Armageddon	el Armagedón
Valhalla	el Valhala
Thor	Tor
rune	la runa

415

masterpiece	la obra maestra
music	la música
musician	el músico
to play (an instrument)	tocar

146

composer	el compositor
orchestra	la orquestra
symphony	la sinfonía
aria	la aria
overture	la obertura
march	la marcha

416
soft	suave
stringed instrument	el instrumento de cuerda
wind instrument	el instrumento de viento
brass instrument	el instrumento de metal
piano	el piano
pianist	el pianista
organ	el órgano
organist	el organista
harmony	la harmonía
flute	la flauta

417
to blow	soplar
bagpipes	la gaita
cornet	la corneta
violin	el violín
auditorium	el auditorio
score	la partitura
opera	la ópera
tenor	el tenor
soprano	el soprano *m*, la soprano *f*
baritone	el barítono

418
bass	bajo
conductor	el director
instrumentalist	el instrumentalista *m*, la instrumentalista *f*

rehearsal	el ensayo
violin	el violín
viola	la viola
violinist	el violinista
cello	el violonchelo
bow	el arco
guitar	la guitarra

419

to strum	tañer
harp	el harpa
flute	la flauta
oboe	el oboe
clarinet	el clarinete
bassoon	el fagot
trumpet	la trompeta
trombone	el trombón
French horn	la trompa de llaves
tuba	la tuba

420

songbook	el cancionero
singing	el canto
to sing	cantar
to enchant	encantar
enchanting, delightful	encantador
spell, charm	el encanto
singer	el cantante *m*, la cantante *f*
choir	el coro
to accompany	acompañar
accompaniment	el acompañamiento

421

song	la canción, la copla
refrain	el estribillo
concert	el concierto

to syncopate	sincopar
jazz	el jazz
beat	el ritmo
saxophone	el saxofón
rock music	la música rock
rock star	la estrella de rock
drums	la batería

422

synthesiser	el sinetizador
folk music	la música folklórica
mandolin	la mandolina
ocarina	la ocarina
drum	el tambor
accordion	el acordeón
xylophone	el xilófono
tambourine	la pandereta
zither	la cítara
concertina	la concertina

423

dance, dancing	la danza
to dance	danzar, bailar
ball, dance	el baile
dancer	el bailarín *m*, la bailarina
theatre	el teatro
theatrical	teatral
mask	la máscara
box office	la taquilla
seat, place	la localidad
stalls	las butacas
box (*theatre*)	el palco

424

pit	el patio, la platea
stage	el escenario

scene	la escena
act	el acto
interval	el entreacto
scenery	las decoraciones, la escenografía
curtain	el telón
play	la obra (de teatro)
playwright	el dramaturgo
character	el personaje

425

tragedy	la tragedia
comedy	la comedia
actor	el actor
actress	la actriz
to play a role	desempeñar un papel
to be word-perfect	saber perfectamente su papel
costume	el vestuario
lighting	la iluminación
dénouement	el desenlace
to stage, represent	representar

426

performance	la función, la representación
flop	el fracaso
to flop	fracasar
debut	el estreno
trapdoor	el escotillón
to be a success	tener éxito
audience	el auditorio
spectator	el espectador
applause	los aplausos
whistling, hissing	el silbo

427

cinema	el cine
screen	la pantalla

to dub	doblar
to subtitle	subtitular
subtitle	el subtítulo
sequel	la continuación
director	el director
producer	el productor
to censor	censurar
censorship	la censura

428

to whistle, hiss	silbar
amusements	los recreos
playground	el patio de recreo
to enjoy oneself	divertirse, recrearse
entertaining	divertido
amusing	ameno
pastime	el pasatiempo
rest	el descanso
to rest	descansar
weariness	el cansancio

429

to get tired	cansarse
tired	cansado
to get bored	aburrirse
boring	aburrido
fair	la feria
festival	la verbena, la fiesta
crowd	la muchedumbre
to assemble	concurrir
circus	el circo
trapeze	el trapecio

430

trapeze	el trapecista *m*, la trapecista *f*
tightrope	la cuerda floja

tightrope walker	el funámbulo *m*, la funámbula
acrobat	el acróbata *m*, la acróbata *f*
acrobatic	acrobático
acrobatics	la acrobacia
clown	el payaso
joke	la broma
lottery	la lotería
to be lucky	tener suerte

431

luck	la suerte
swing	el columpio
to swing (oneself)	columpiarse
seesaw	el balancín
roundabout	el tiovivo
game	el juego
to play	jugar
player	el jugador
toy	el juguete
match	el partido

432

to win	ganar
to lose	perder
to draw	empatar
to cheat	engañar
deceit	el engaño
deceitful	engañoso
meeting	la reunión
to meet	reunirse
to join	unirse
party	la tertulia, el guateque

433

to visit	visitar
visit	la visita

playing cards	los naipes
to deal	repartir
to shuffle	barajar
suit	el palo
billiards	el billar
cue	el taco
cannon	la carambola
spin	el efecto

434

chess	el ajedrez
piece	la pieza
pawn	el peón
rook	la torre
bishop	el alfil
knight	el caballo
chessboard	el tablero (de ajedrez)
draughts	las damas
dice	los dados
jigsaw	el rompecabezas, el puzzle

Sport   *El Deporte*

435

sport	el deporte
swimming	la natación
to swim	nadar
swimmer	el nadador *m*, la nadadora *f*
breaststroke	la braza de pecho
crawl	el crol
backstroke	la braza de espalda
butterfly	la braza de mariposa
lifeguard	el salvavidas
to dive	zambullirse

436

high diving	el salto de palanca
to row	remar
rower	el remador
oar	el remo
canoe	la piragua
canoeing	el piragüismo
canoeist	el piragüista
paddle	el canalete
skate	el patín
to skate	patinar

437

figure skating	el patinaje artístico
rollerskates	los patines de ruedas
skateboard	el monopatín
amateur	el aficionado
fan	el hincha
bet	la apuesta
to bet	apostar
odds	las ventajas
ball	la pelota
football (*sport*)	el fútbol

438

football	el balón
footballer	el futbolista
football pools	las quinelas
referee	el arbitro
penalty	el penálty
corner	el córner, el saque de esquina
offside	fuera de juego
forward	el delantero
defender	el defensa
midfielder	el centrocampista

439

winger	el ala
to score	marcar
to shoot	chutar, tirar
to dribble	regatear
goal (*objective*)	la meta, la portería
goal (*score*)	el gol
goalkeeper	el portero, el guardameta
goalscorer	el goleador
goal-kick	el saque de portería
team	el equipo

440

league	la liga
trophy	el trofeo
knockout competition	el concurso eliminatorio
rugby	el rugby
to tackle	placar
scrum	la melé
scrum-half	el medio de melé
fly-half	el apertura
prop	el pilar
fullback	el zaguero

441

American football	el fútbol americano
tennis	el tenis
lawn tennis	el tenis sobre hierba
tennis player	el tenista *m*, la tenista *f*
set	el set
volley	el voleo
to serve	sacar
table tennis	el tenis de mesa, el ping-pong
racket	la raqueta
boxing	el boxeo

442

boxer	el boxeador
wrestling	la lucha
champion	el campeón
fencing	la esgrima
fencer	el esgrimidor
foil	el florete
gymnast	el gimnasta
gymnastics	la gimnasia
somersault	el salto mortal
cycling	el ciclismo

443

cyclist	el ciclista
mountain bicycle	la bicicleta de montaña
time trial	la cronometrada
stage	la etapa
yellow jersey	el maillot amarillo
horseriding	la equitación
showjumping	el concurso de saltos
dressage	la doma clásica
polo	el polo
horseman	el jinete

444

grandstand	la tribuna
racecourse	la pista
race	la carrera
to run	correr
bullfight	la corrida (de toros)
bull fighter	el torero
motor racing	el automovilismo deportivo
scrambling	el motocross
hockey	el hockey
bowls	el juego de las bochas

445

stadium	el estadio
high jump	el salto de altura
record	el récord
long jump	el salto de longitud
triple jump	el triple salto
pole vault	el salto con pértiga
long distance runner	el corredor de fondo
lap	la vuelta
marathon	el maratón
training	el entrenamiento

446

athletics	el atletismo
athlete	el atleta *m*, la atleta *f*
sprinter	el esprínter
sprint	el esprint
to sprint	esprintar
track	la pista
starting blocks	los tacos de salida
hurdle	la valla
javelin	la jabalina
shotput	el lanzamiento de peso

447

discus	el disco
hammer	el martillo
relay race	la carrera de relevos
baton	el testigo
Olympic Games	los Juegos Olímpicos
triathlon	el triatlón
triathlete	el triatleta
decathlon	el decatlón
decathlete	el decatleta
pentathlon	el pentatlón

448

pentathlete	el pentatleta
mountaineering	el montanismo
mountaineer	el montanista, el alpinista
rock climbing	la escalada en rocas
rock climber	el escalador (de rocas)
ice-axe	el piolet
skiing	el esquí
to ski	esquiar
ski	el esquí
cross-country skiing	el esquí nórdico

449

ski-lift	el telesquí
skier	el esquiador
ski-stick	el bastón de esquiar
ski-jumping	el salto de esquí
snowshoe	la raqueta (de nieve)
sledge	el trineo
ice hockey	el hockey sobre hielo
puck	el puck
water skiing	el esquí acuático
outboard motor	el motor fuera-bordo

450

slalom	el slalom
to abseil	descender en rappel
to fish	pescar
angling	la pesca (con caña)
fishing rod	la caña
reel	el carrete
bait	el cebo
to bait	cebar
hook	el anzuelo
fly fishing	la pesca a mosca

Food and Drink   *La Comida y La Bebida*

451

food	el alimento
provisions	las provisiones
to nourish	alimentar
appetite	el apetito
snack	la merienda
to have a snack	merendar
hunger	el hambre
hungry	hambriento
thirst	la sed
thirsty	sediento

452

to be hungry	tener hambre
to be thirsty	tener sed
sweet	dulce
to have a sweet tooth	ser goloso
sugar	el azúcar
sugary	azucarado
tasteless	soso
bitter	amargo
milk	la leche
to pasteurise	pasteurizar

453

skimmed milk	la leche desnatada
whole milk	la leche sin desnatar
cream	la nata, la crema
butter	la mantequilla
buttermilk	el suero de leche
cheese	el queso
egg	el huevo
yolk	la yema (de huevo)

egg white	la clara (de huevo)
shell	la cáscara

454

soft boiled egg	el huevo pasado por agua
scrambled eggs	los huevos revueltos
omelette	la tortilla
bread	el pan
brown bread	el pan moreno
sliced bread	el pan de molde
loaf	el pan
roll	el panecillo, el bollo
crumb	la miga
crust	la corteza

455

health foods	los alimentos naturales
organically grown	cultivado biológicamente
vegetarian	el vegeteriano *m*, la vegeteriana *f*
fibre	la fibra
wholemeal bread	el pan integral
rye bread	el pan de centeno
to slim	adelgazar
lentil	la lenteja
margarine	la margarina
polyunsaturated	poliinsaturado

456

fast food	el fast-food
hamburger	la hamburguesa
hot dog	el perrito caliente
pizza	la pizza
fat	la grasa
fatty food	la comida grasosa
frozen food	el alimento congelado
french fries	las patatas fritas

| crisps | las papas fritas |
| confectionery | las golosinas |

457

vegetable	el legumbre, la verdura
carrot	la zanahoria
broccoli	el bróculi
onion	la cebolla
celery	el apio
radish	el rábano
spinach	la espinaca
asparagus	el espárrago
cucumber	el pepino
gherkin	el pepinillo

458

lettuce	la lechuga
tomato	el tomate
pea	el guisante
chickpea	el garbanzo
bean	el haba
French bean	la judía
haricot bean	la judía blanca
cauliflower	la coliflor
Brussels sprout	la col de Bruselas
aubergine	la berenjena

459

salad	la ensalada
corn	el maíz
beetroot	la remolacha
green pepper	el pimiento verde
mashed potato	el puré de patatas
garlic	el ajo
courgette	la calabacita
marrow	el calabacín

460

tomato	el tomate
mushroom	el champiñon
condiment	el condimento
spice	la especia
ginger	el jengibre
mustard	la mostaza
nutmeg	la nuez moscada
cinnamon	la canela
turmeric	la cúrcuma
saffron	el azafrán

461

soup	la sopa
soup tureen	la sopera
broth	el caldo
beef	la carne de vaca
veal	la ternera
steak	el filete
rare	poco hecho
well done	bien hecho
sauce	la salsa
gravy	el jugo de carne

462

cutlet	la chuleta
ham	el jamón
bacon	el tocino
sausage	la salchicha
pepperoni	el salchichón
blood sausage	la morcilla
raw	crudo
soft	tierno, blando
hard	duro
stew	el cocido

463

tripe	los callos
cooking	la cocina
cook	el cocinero
to cook	cocer
to roast	asar
roast	el asado
to stew	guisar
to slice	tajar
slice	la tajada
to fry	freír

464

fried	frito
chicken	el pollo
breast	la pechuga
leg	la pata
ham	el jamón
to cure	curar
to smoke (*food*)	ahumar
lamb	el cordero
pork	el cerdo
veal	la ternera

465

to grill	hacer al grill
to barbecue	asar a la parrilla
barbecue	la parrillada
to bake	hornear
breaded	empanado
scampi	los langostinos rebozados
to stuff	estofar
spit	el espetón
suckling pig	el lechón
shank (*lamb*)	la pierna (de cordero)

466

fish	el pescado
haddock	el abadejo
mussel	los mejillón
mullet	el salmonete
mackerel	la caballa
clam	la almeja
sole	el lenguado
tuna	el atún
salad	la ensalada
oil	el aceite

467

vinegar	el vinagre
sour	agrio
cruet-stand	las vinagreras
salt	la sal
saltcellar	el salero
to salt	salar
pepper	la pimienta
pepperpot	el pimentero
mustard	la mostaza
mayonnaise	la mayonesa

468

jam	la confitura, la mermelada
marmalade	la mermelada de naranjas
cake	el pastel
pastry-cook	el pastelero
dough	la pasta
dessert	el postre
pancake	la torta
rice pudding	el arroz con leche
custard	las natillas
roast apple	la manzana asada

469

caramel cream	el flan
ice cream	el helado
chocolate	el chocolate
chocolate mousse	el mousse de chocolate
fritters	los churros
sponge cake	el bizcocho
fruit salad	la macedonia de frutas
whipped cream	la nata montada
cheese cake	la tarta de queso
lemon meringue	el merengue de limón

470

pudding	el budín
biscuit	el bizcocho, la galleta
baby food	la comida para bebés
flour	la harina
self-raising flour	la harina de fuerza
yeast	la levadura
baking soda	el bicarbonato de sosa
lard	la manteca
oil	el aceite
sunflower oil	el aceite de girasol

471

olive oil	el aceite de oliva
rice	el arroz
yoghurt	el yogur
doughnut	el buñuelo
apple compote	la compota de manzana
sandwich	el sandwich, el bocadillo
spaghetti	los espaguetis
cake	la tarta
noodle	el tallarín
frog legs	las patas de rana

472

restaurant	el restaurante
menu	el meñu
starter	el entremés
first course	el primer plato
waitress	la camarera
waiter	el camarero
drink	la bebida
to drink	beber
to sip	sorber
to gulp	tragar

473

to empty	vaciar
empty	vacío
nonalcoholic drink	la bebida sin alcohol
wine	el vino
red wine	el vino tinto
rosé wine	el vino rosado
vintage	añejo
beer	la cerveza
water	el agua
drinkable	potable

474

milkshake	el batido
tonic	la tónica
juice	el jugo
soft drink	el refresco
sherry	el jerez
dry	seco
sherbet	el sorbete
lemonade	la limonada
fizzy	gaseoso
to uncork	descorchar

475

corkscrew	el sacacorchos
liqueur	el licor
spirits	los licores
cognac	el coñac
tonic water	la tónica
orange drink	la naranjada
mineral water	el agua mineral
cappuccino	el capuchino
tea	el té
camomile tea	la manzanilla

476

lemon tea	el té con limón
coffee	el café
coffee with milk	el café con leche
decaffeinated coffee	el descafeinado
iced coffee	el cafe con hielo
instant coffee	el cafe instantáneo
soda	la soda
whisky	el whisky
canned beer	la cerveza enlatada
bottled beer	la cerveza embotellada

477

cider	la sidra
champagne	el champán
vermouth	el vermut
vodka	el vodka
rum	el ron
Irish coffee	el cafe irlandés
anise	el anís
brandy	el aguardiente
cherry brandy	el aguardiente de cerezas
applejack	el aguardiente de manzanas

Travel and Tourism
Los Viajes y El Turismo

478

to travel	viajar
traveller	el viajero
travel agency	la agencia de viajes
travel agent	el agente de viajes
package holiday	las vacaciones todo pagado
tourist	el turista
tourist season	la temporada turística
hotel	el hotel
hotelier	el hotelero
reception	la recepción

479

information desk	la conserjería
lobby	el vestíbulo
service	el servicio
to book in advance	reservar por adelantado
vacant	libre
bill	la cuenta
tip	la propina
hostel	el albergue
youth hostel	el albergue de juventud
boarding house	la pensión

480

camping	el cámping
campsite	el campamento
to go camping	hacer cámping
camp-chair	la silla plegadiza
camping-van	la camioneta-casa
air mattress	la colchoneta hinchable
bottle opener	el abrebotellas

168

camp bed	la cama plegable
tin opener	el abrelatas

481

campfire	la hoguera (de campamento)
flashlight	la linterna
fly sheet	el toldo impermeable
ground	el suelo
ground sheet	el suelo impermeable
guy line	el viento
mallet	el mazo
shelter	el abrigo
to take shelter	abrigarse
to get wet	mojarse

482

sleeping bag	el saco de dormir
to sleep out	dormir al aire libre
tent	la tienda
tent peg	la clavija
tent pole	el mástil de tienda
thermos flask	el termo
caravan	la caravana
to go caravaning	viajar en caravana
to live rough	vivir sin comodidades
tramp	el vagabundo

483

self-catering apartment	el piso sin pensión
day-tripper	el excursionista
trip	la excursión
railway	el ferrocarril
platform	el andén
to derail	descarrillar
derailment	el descarrillamiento
to collide	chocar

collision	el choque
accident	el accidente

484

timetable	el horario
guidebook	la guía
train	el tren
express train	el expreso
through train	el tren directo
to arrive	llegar
arrival	llegada
to leave	salir
departure	la salida
departure board	el tablón de salidas

485

underground railway	el metro
diesel	el diesel
steam	el vapor
corridor	el pasillo
to alight	apearse
halt	el apeadero
compartment	el departamento
tunnel	el túnel
viaduct	el viaducto
cutting	el desmonte

486

railway network	la red ferroviaria
railhead	la estación terminal
railtrack	la vía férrea
railworker	el ferroviario
stationmaster	el jefe de la estación
waiting room	la sala de espera
single ticket	el billete sencillo
return ticket	el billete de ida y vuelta

to examine	revisar
ticket inspector	el revisador

487

guard	el jefe de tren
engine driver	el maquinista
signalman	el guardavía
locomotive	la locomotora
carriage	el vagón
sleeping car	el coche cama
dining car	el vagón restaurante
luggage	el equipaje
to check in	facturar
left-luggage	la consigna

488

trunk	el baúl
case	la maleta
rucksack	la mochila
stop	la parada
to stop	pararse
stay	la estancia
customs	la aduana
customs officer	el aduanero
examination	el registro
to examine	registrar

489

duty	el derecho
tax	el impuesto
to tax	tasar
to declare	declarar
duty-free	libre de impuestos
passport	el pasaporte
identity card	el carné, la cédula de identidad
bus	el autobús

taxi	el taxi
taxi driver	el taxista

490

driving licence	el permiso de conducir
to drive	conducir, manejar
motor car	el coche, el automóvil
motoring	el automovilismo
motorist	el automovilista
to hire	alquilar
trailer	el remolque
to give someone a lift	llevar a alguien
hitchhiker	el autostopista
to hitchhike	hacer autostop, hacer dedo

491

hitchhiking	el autostopismo
sharp bend	la curva cerrada
to skid	resbalar
door (*vehicle*)	la portezuela
window (*vehicle*)	la ventanilla
to park	aparcar
to slow down	moderar la marcha
to accelerate	acelerar
to start up	arrancar
to overtake	adelantar

492

aerial	la antena
air filter	el filtro de aire
alternator	el alternador
antifreeze	el anti-congelante
gearbox	la caja de cambios
axle	el eje
battery	la batería
flat	descargado

bonnet	el capó
boot	el maletero

493

brake fluid	el líquido de frenos
brake	el freno
to brake	frenar
bumper	parachoques
carburettor	carburador
child seat	la silla de niño
choke	el estárter
clutch	el embrague
cylinder	el cilindro
horsepower	el caballo (de fuerza)

494

disc brake	el freno de disco
distributor	el distribuidor
dynamo	el dinamo
dynamic	dinámico
engine	el motor
exhaust	el tubo de escape
fan belt	la correa de ventilador
fuel gauge	el indicador de carburante
fuel pump	la bomba de carburante
fuse	el fusible

495

gear lever	la palanca de cambios
generator	el generador
to generate	generar
alternating current	la corriente alterna
hand brake	el freno de mano
hazard lights	las luces de emergencia
horn	la bocina
ignition	el contacto

| ignition key | la llave de contacto |
| indicator | el intermitente |

496

jack	el gato
silencer	el silenciador
number plate	la matrícula
oil filter	el filtro de aceite
points	los platinos
rear view mirror	el espejo retrovisor
reflector	el reflectante
reverse light	la luz de marcha atrás
roof-rack	el portaequipajes
seat	el asiento

497

seat belt	el cinturón de seguridad
shock absorber	el amortiguador
socket set	el juego de llaves de tubo
spanner	la llave inglesa
spare part	el repuesto
spark plug	la bujía
speedometer	el velocímetro
starter motor	el motor de arranque
steering wheel	el volante
sun roof	el techo solar

498

suspension	la suspensión
towbar	la barra de remolque
transmission	la transmisión
tyre	el neumático
wheel	la rueda
windscreen	el parabrisas
wipers	las limpiaparabrisas
wrench	arranque

air bag	la bolsa de aire
four-wheel drive	la tracción de cuatro por cuatro

499

motorbike	la motocicleta
helmet	el casco
bicycle	la bicicleta
racing cycle	la bicicleta de carreras
pedal	el pedal
to pedal	pedalear
tube	la cámara
to puncture	pincharse
chain	la cadena
pannier bag	la cartera

500

ship	el buque
boat	el barco, la barca
sail	la vela
to embark	embarcarse
to disembark	desembarcar
on board	a bordo
disembarkment	el desembarco
to tow	remolcar
tug	el remolcador
crossing	la travesía

501

to cross	atravesar
passage	el pasaje
passenger	el pasajero
cabin	el camarote
deck	el puente
mast	el mástil
pilot	el piloto
rudder	el timón

crew	la tripulación
anchor	el ancla, *f*

502

to cast anchor	fondear
anchorage	el ancladero
cargo	la carga, el cargamento
to sink	hundirse
sinking	el hundimiento
shipwreck	el naufragio
signal	la señal
to signal	señalar
lighthouse	el faro
port	el puerto

503

quay	el muelle
oil tanker	el petrolero
to launch	arriar al agua
salvage	el salvamento
to salvage	salvar
free on board	franco a bordo
waybill	la carta de porte
hovercraft	el hidrodeslizador

504

stern	la popa
prow	la proa
starboard	el estribor
port	el babor
keel	la quila
hold	la bodega
figurehead	el figurón de proa
funnel	la chimenea
rigging	la jarcia
sail	la vela

505

raft	el embalse
galley	la galera
clinker-built	de tingladillo
galleon	el galeón
clipper	el clíper
schooner	la goleta
whaler	el ballenero
trawler	el arrastrero
to trawl	rastrear
factory ship	el buque factoría

506

hydrofoil	la hidroala
powerboat	el motorbote
rubber dinghy	la lancha neumática
pontoon	el pontón
life raft	la balsa salvavidas
aqualung	la escafandra autónoma
diver	el buceador
navigation	la navegación
to navigate	navegar
to weigh anchor	zarpar

507

balloon	el globo
airship	el dirigible
aviation	la aviación
airplane	el avión
flying boat	el hidroavión
airport	el aeropuerto
air terminal	la terminal aérea
passenger	el pasajero
business class	la clase de negociante
tourist class	la clase turística

508

farewell	la despedida
air hostess	la azafata
to land	aterrizar
forced landing	el aterrizaje forzoso
to take off	despegar
take-off	el despegue
seatbelt	el cinturón
to fly	volar
propeller	la hélice
pilot	el piloto

509

autopilot	el piloto automático
black box	la caja negra
runway	la pista de aterrizaje
undercarriage	el tren de aterizaje
sound barrier	la barrera sonora
to crash	estrellarse
glider	el planeador
to glide	planear
hang-glider	el ala delta
autogyro	el autogiro

Appendix

Days of the week	*Los días de la semana*
Monday	lunes
Tuesday	martes
Wednesday	miércoles
Thursday	jueves
Friday	viernes
Saturday	sábado
Sunday	domingo

Months	*Los meses*
January	enero
February	febrero
March	marzo
April	abril
May	mayo
June	junio
July	julio
August	agosto
September	septiembre
October	Octubre
November	noviembre
December	diciembre

Seasons	*Las estaciones*
spring	la primavera
summer	el verano
autumn	el otoño
winter	el invierno

Numbers	*Los números*		
1	uno, una	5	cinco
2	dos	6	seis
3	tres	7	siete
4	cuatro	8	ocho

9	nueve	600	seiscientos
10	diez	700	setecientos
11	once	800	ochocientos
12	doce	900	novecientos
13	trece	1000	mil
14	catorce	2000	dos mil
15	quince	1000000	un millón
16	dieciséis	1st	primero
17	diecisiete	2nd	segundo
18	dieciocho	3rd	tercero
19	diecinueve	4th	cuarto
20	veinte	5th	quinto
21	veintiuno	6th	sexto
22	veintidós	7th	séptimo
23	veintitrés	8th	octavo
24	veinticuatro	9th	noveno
25	veinticinco	10th	décimo
26	veintiséis	11th	undécimo
27	veintisiete	12th	duodécimo
28	veintiocho	13th	decimotercero
29	veintinueve	14th	decimocuarto
30	treinta	15th	decimoquinto
40	cuarenta	16th	decimosexto
50	cincuenta	17th	decimoséptimo
60	sesenta	18th	decimoctavo
70	setenta	19th	decimonoveno
80	ochenta	20th	vigésimo
90	noventa	21st	vigésimo primero
100	ciento *or* cien	30th	trigésimo
	(*before a noun*)	31st	trigésimo primero
200	doscientos	40th	cuadragésimo
300	trescientos	50th	quincuagésimo
400	cuatrocientos	60th	sexagésimo
500	quinientos	70th	septuagésimo

80th	octogésimo	700th	septingentésimo
90th	nonagésimo	800th	octingentésimo
100th	centésimo	900th	noningentésimo
200th	ducentésimo	1000th	milésimo
300th	trecentésimo	2000th	dos milésimo
400th	quadringentésimo	millionth	millonésimo
500th	quingentésimo	two millionth	
600th	sexcentésimo		dos millonésimo

Proverbs and idioms   Los proverbios y los modismos

to be homesick — tener morriña

to have pins and needles — tener hormigueo

don't mention it — no hay de qué

it's none of your business — no tiene nada que ver contigo

it's all the same to me — me da igual

as deaf as a post — sordo como una tapia

to sleep like a log — dormir como un lirón

as drunk as a lord — más borracho que una cuba

a bird in the hand is worth two in the bush — más vale pájaro en mano que ciento volando

to kill two birds with one stone — matar dos pájaros de un tiro

at full speed — a todo correr

no sooner said than done — dicho y hecho

birds of a feather flock together — Dios los cría y ellos se juntan

every cloud has a silver lining — no hay mal que por bien no venga

a chip off the old block — del tal palo tal astilla

out of sight, out of mind — ojos que no ven, corazón que no siente

practice makes perfect — la práctica hace maestro

many hands make light work — muchas manos facilitan el trabajo

better late than never — más vale tarde que nunca
at first sight — a primera vista
in the short term — a corto plazo
in the long run — a la larga
on the other hand — por otra parte
in my opinion — a mi juicio
in fact — de hecho
in other words — dicho de otro modo

First names	*Nombres de pila*
Alexander	Alejandro
Andrew	Andrés
Anthony	Antonio
Bernard	Bernardo
Charles	Carlos
Christopher	Cristóbal
Edward	Eduardo
Francis	Francisco
George	Jorge
Henry	Enrique
James	Jaime
John	Juan
Joseph	José
Lawrence	Lorenzo
Louis	Luis
Martin	Martín
Michael	Miguel
Nicholas	Nicolás
Paul	Pablo
Peter	Pedro
Philip	Felipe
Raymond	Ramón
Thomas	Tomás
Vincent	Vicente

Alice	Alicia
Anne	Ana
Catherine	Catalina
Charlotte	Carlota
Deborah	Débora
Eleanor	Leonor
Elizabeth	Isabel
Ellen	Elena
Emily	Emilia
Esther	Ester
Frances	Francisca
Josephine	Josefina
Louise	Luisa
Margaret	Margarita
Mary	María
Matilda	Matilde
Ophelia	Ofelia
Patricia	Patricai
Pauline	Paula
Rachel	Raquel
Rose	Rosa
Susan	Susana
Sylvia	Silvia
Veronica	Verónica

Signs of the Zodiac	*Los signos del Zodíaco*
Aquarius	el Acuario
Pisces	el Piscis
Aries	Aries
Taurus	el Tauro
Gemini	el Géminis
Cancer	el Cáncer
Leo	el Leo
Virgo	la Virgo

Libra	la Libra
Scorpio	el Escorpión
Sagittarius	el Sagitario
Capricorn	el Capricornio

Prepositions and conjunctions
 Las preposiciones, los adverbios y las conjunciones

against	contra
at	en
between	entre
for	para, por
from	de
in	en, dentro de
of	de
on	en, sobre
to	a
with	con
without	sin
above	arriba
down	abajo
under	debajo de
in front of	delante de
opposite	enfrente
forward	adelante
behind	detrás de
backwards	atrás
close to	junto a
near	cerca de
far from	lejos de
before	antes de
after	después, tras
here	aquí
there	allí
inside	dentro

within	adentro
outside	fuera
where	donde
during	durante
except	excepto
towards	hacia
until	hasta
according to	según
now	ahora
often	a menudo
then	entonces
never	nunca
always	siempre
at once	en seguida
soon	pronto
still	todavía
already	ya
like	como
how	cómo
neither... nor...	ni... ni...
either... or...	o... o...
and	y
but	pero
why	por qué
because	porque
if	si
yes	sí
no	no
well	bien
badly	mal
quickly	de prisa
slowly	despacio
enough	bastante
when	cuando

too	demasiado
more	más
less	menos
much	mucho
nothing	nada
nobody	nadie
never	nunca
perhaps	quizás, acaso
once	una vez
instead of	en vez de
often	a menudo
at times	a veces

Notes

Notes